中山大学文化传承重点发展项目

邱捷 邱蔚晴 ◎ 编著

刊登过《共产党宣言》译文的《民生日报》

KANDENG GUO
GONGCHANDANG XUANYAN
YIWEN DE
MINSHENG RIBAO

中山大学出版社

·广州·

版权所有　翻印必究

图书在版编目（CIP）数据

刊登过《共产党宣言》译文的《民生日报》/邱捷，邱蔚晴编著. —广州：中山大学出版社，2023.5
ISBN 978 - 7 - 306 - 07726 - 4

Ⅰ. ①刊… Ⅱ. ①邱… ②邱… Ⅲ. ①报社—新闻事业史—中国 Ⅳ. ①G219.29

中国国家版本馆 CIP 数据核字（2023）第 033647 号

出 版 人：王天琪
策划编辑：嵇春霞
责任编辑：林梅清
封面设计：曾　斌
责任校对：潘惠虹
责任技编：靳晓虹
出版发行：中山大学出版社
电　　话：编辑部 020 - 84110283，84113349，84111997，84110779
　　　　　发行部 020 - 84111998，84111981，84111160
地　　址：广州市新港西路135号
邮　　编：510275　　　传　真：020 - 84036565
网　　址：http://www.zsup.com.cn　　E-mail：zdcbs@mail.sysu.edu.cn
印 刷 者：佛山市浩文彩色印刷有限公司
规　　格：787mm×1092mm　1/16　14.75 印张　206 千字
版次印次：2023 年 5 月第 1 版　2023 年 5 月第 1 次印刷
定　　价：56.00 元

如发现本书因印装质量影响阅读，请与出版社发行部联系调换

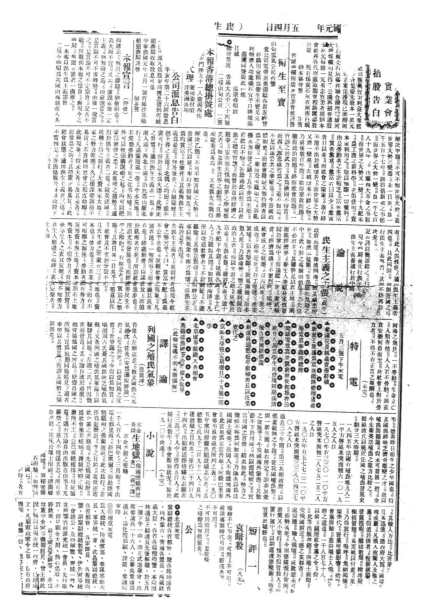

图一　《民生日报》发刊词——《本报宣言》

（《民生日报》1912年5月4日）

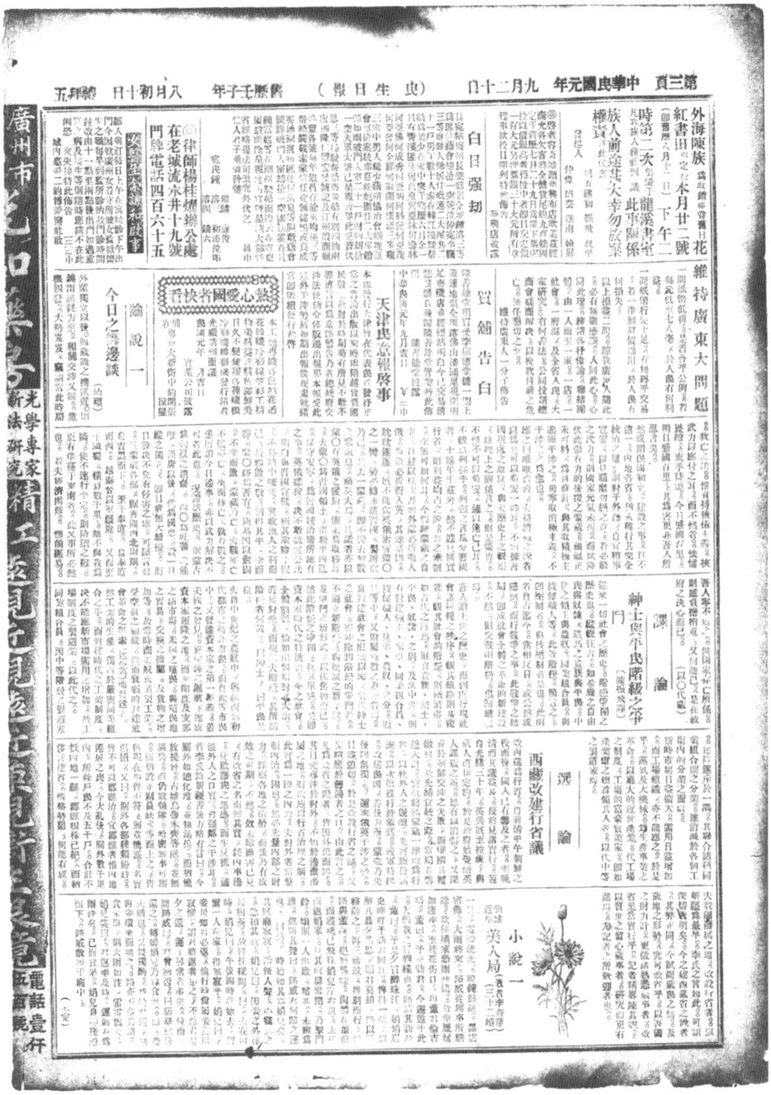

图二　陈振飞：《绅士与平民阶级之争斗》（连载一）

（《民生日报》1912年9月20日）

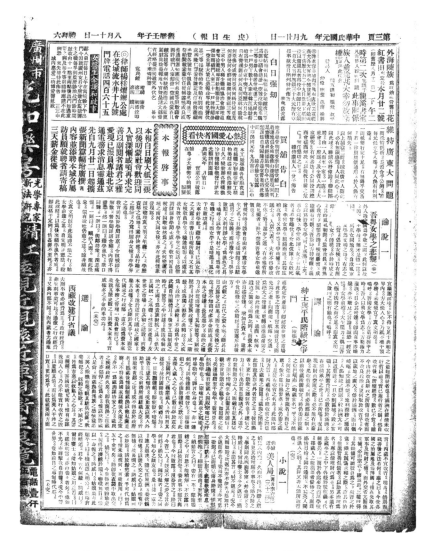

图三 陈振飞：《绅士与平民阶级之争斗》（连载二）
（《民生日报》1912年9月21日）

图四 陈振飞：《绅士与平民阶级之争斗》（连载三）
（《民生日报》1912年9月23日）

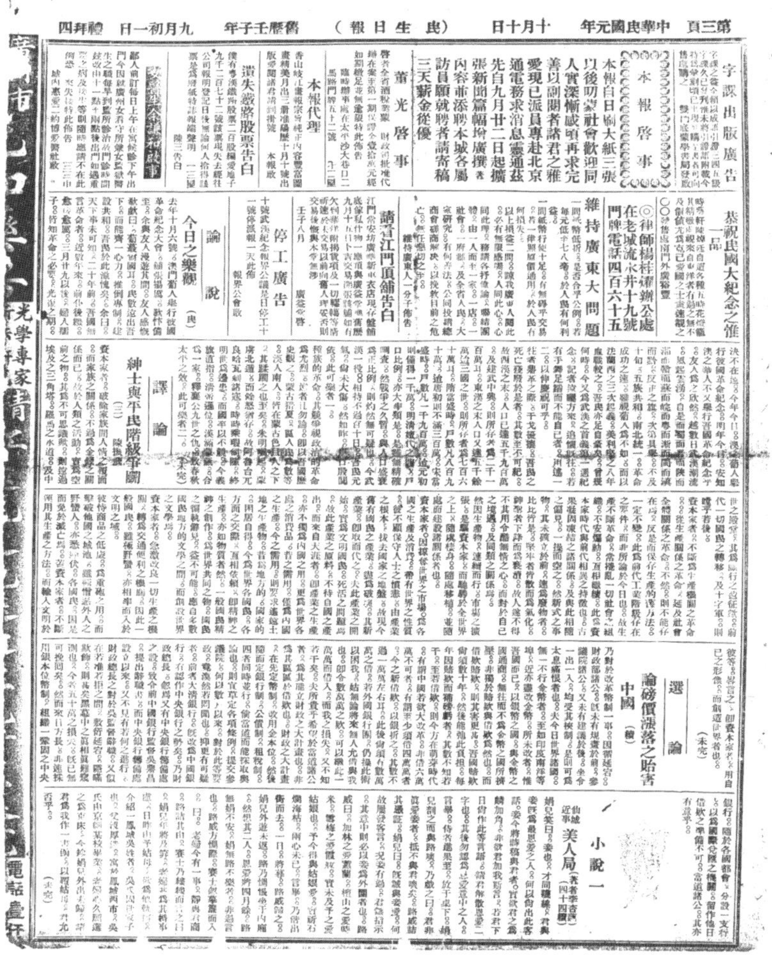

图五　陈振飞：《绅士与平民阶级之争斗》（连载四）
（《民生日报》1912年10月10日）

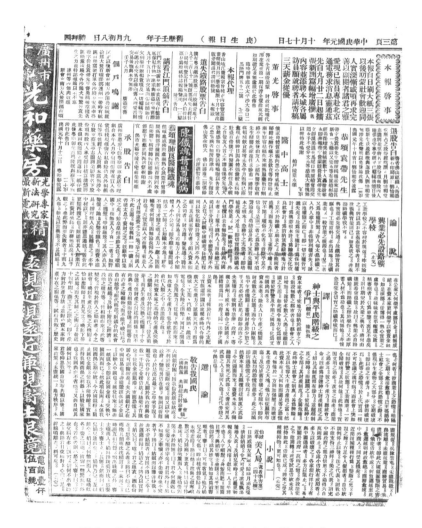

图六 陈振飞:《绅士与平民阶级之争斗》(连载五)
(《民生日报》1912年10月17日)

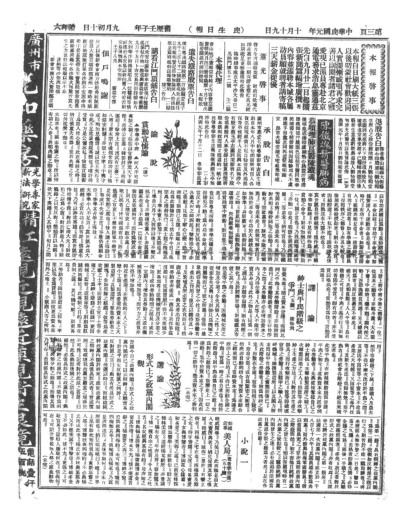

图七　陈振飞：《绅士与平民阶级之争斗》（连载六）
（《民生日报》1912年10月19日）

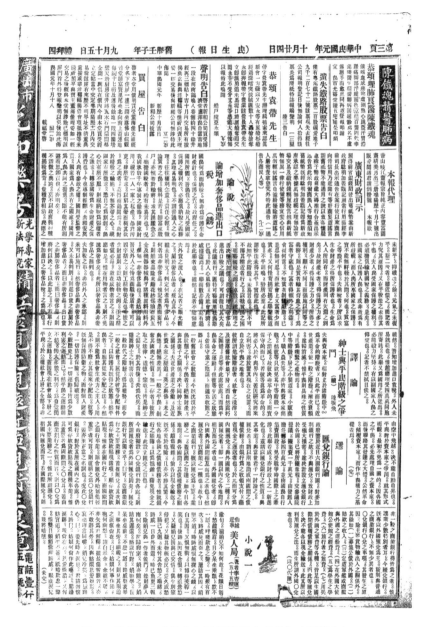

图八 陈振飞:《绅士与平民阶级之争斗》(连载七)
(《民生日报》1912年10月24日)

图九　陈振飞与陈少白、陈德芸的照片

（前排左一为陈振飞）

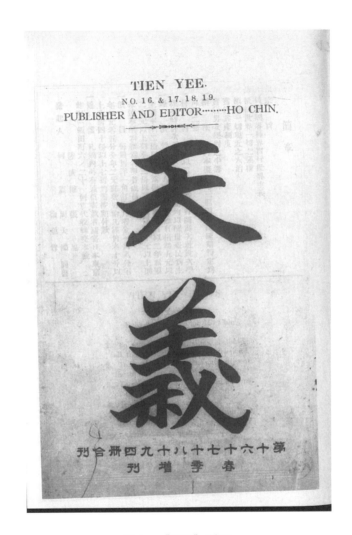

图十　《天义》封面

（《天义》是刘师培等人于1907年夏在日本创办的报刊，以宣传无政府主义为宗旨；1908年6月停刊，增刊曾登载"民鸣"翻译的《共产党宣言》第一部分）

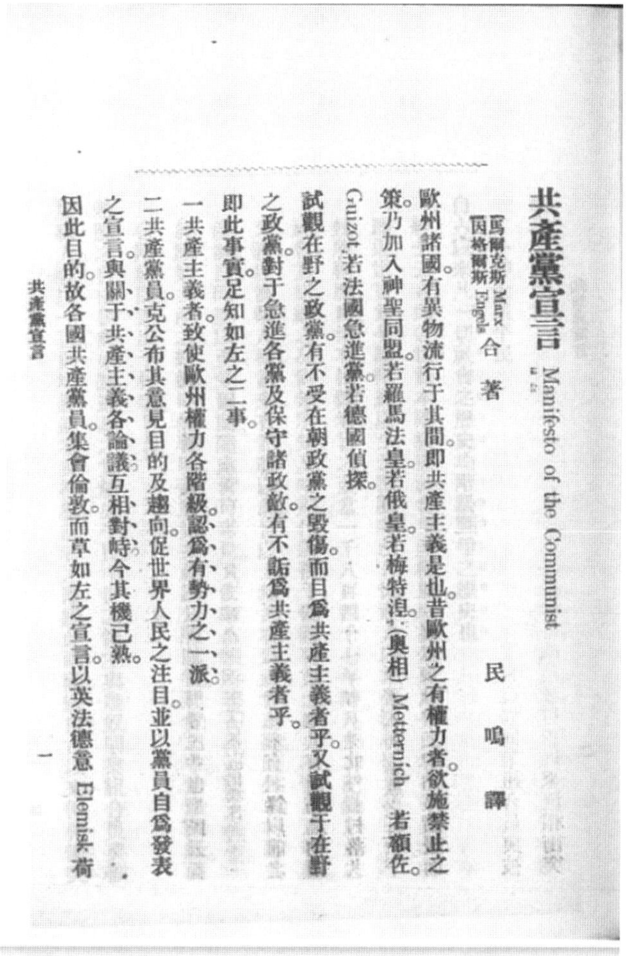

共產黨宣言 Manifesto of the Communist

民鳴譯

馬爾克斯 Marx 因格爾斯 Engels 合著

歐州諸國。有異物流行于其間。即共產主義是也。昔歐州之有權力者。欲施禁止之策。乃加入神聖同盟。若羅馬法皇。若俄皇。若梅特涅。(奧相) Metternich 若額佐。Guizot,若法國急進黨。若德國偵探。

試觀在野之政黨。有不受在朝政黨之毀傷。而目爲共產主義者乎。又試觀于在野之政黨。對于急進各黨及保守諸政敵。有不詬爲共產主義者乎。

即此事實。足知如左之二事。

一共產主義者。致使歐州權力各階級。認爲有勢力之一派。

二共產黨員。克公布其意見目的及趨向。促世界人民之注目。並以黨員自爲發表之宣言。與關于共產主義各論議。互相對峙。今其機已熟。

因此目的。故各國共產黨員。集會倫敦。而草如左之宣言。以英法德意 Elemisk 荷

共產黨宣言　　一

图十一　《天义》所刊《共产党宣言》第一部分

（“民鸣”在《天义》发表的《共产党宣言》第一部分首页。迄今学术界尚未能考证出“民鸣”的真实姓名）

目　录

序 …………………………………………… 曾庆榴 001

前言 ……………………………………………………… 001

第一部分　相关研究

《民生日报》的政治倾向和史料价值 ………………… 邱　捷 003
《民生日报》刊载的《共产党宣言》译文 …………… 邱　捷 028
宣传民生主义的广东曲艺作品 ………………………… 邱　捷 048
《民生日报》馆藏、引用与保护状况 ………………… 邱蔚晴 055

第二部分　资料选辑

本报宣言 ………………………………………………… 仲　伟 073
民生主义之主张 ………………………………………… 祝　平 075
江君亢虎致袁总统书 …………………………………… 江亢虎 077
《民生日报》出世 ……………………………………… 百　炼 079
劝世龙舟·民生十劝 …………………………………… 支　离 081
平均地权论 ……………………………………………… 冶　顽 092
争起于有余 ……………………………………………… 芸　　 099
人类生活程度之进化 …………………………………… 云　生 100
叹民生 …………………………………………………… 慈　悲 102
论治粤政策亟宜维持人民之生计 ……………………… 茹　沧 103
组织中华民国国民公立兴业银行之缘起 ……………………… 106

论地权之原起	锈	108
中国社会党各部事务所地址表		110
德国社会党之胜利——本年正月之总选举	祝平 译	114
均地权以宏资本论	锈	118
中国之民生主义	凡夫	120
换契与民生主义之关系	磨锈	127
江亢虎君在烟台演说社会主义词	江亢虎	129
论社会主义答公武君	李煜瀛	133
社会改良之感言	东孙	135
论国家社会主义	泽民	137
补助贫民生计之研究	一鸣	141
今日宜提倡共动事业	民	144
罪与贫之关系	民	146
今日宜设社会的工厂以实行民生主义	民	148
苦乐不平均之感言	锈	150
社会党亦得罪黎元洪耶	达	152
厚民生为当今第一要义	情侠	153
社会主义之定义	陈振飞	155
万国社会党大会史略	陈振飞 译	158
论振兴工业与民生之关系	穷汉	161
绅士与平民阶级之争斗	陈振飞 译	163

附录一：今译《共产党宣言》第一部分"资产者和无产者" …… 171

长堤地价之飞涨	今我	182
吾国人当助各国革命	止戈	183
光复纪念中之民生希望	止戈	185
消极的救贫法——去分利分子	止戈	187
最高度之民生主义	止戈	189
改良街市与民生主义	锈	191

劳动为价值本原——社会主义之一大原理 …………… 佚　名 193

劳动社启 ……………………………………………… 刘　靖 195

　　附录二：从《共产党宣言》国内最早选译本到《新青年》

　　　　杂志南迁广州——追寻马克思主义在广东早期传播的

　　　　历史印迹 ……………………………………… 朱蓉婷 198

后记 …………………………………………………………… 207

序

中山大学图书馆收藏的《民生日报》，是目前学界知之不多、罕有研究的一种孤本近代报纸。邱捷、邱蔚晴编著的这部书稿，便是对《民生日报》做系统介绍并认真研究之作。

本书指出，1912年5月创刊，1913年10月被龙济光、李开侁封禁的《民生日报》，是同盟会广东籍盟员在广州创办的一家大型日报。在孙中山正式解除临时大总统职、辛亥革命转入低潮并进而陷于失败的历史条件下，《民生日报》所刊登的新闻、论说、译介和曲艺作品等，表达出鲜明的拥孙反袁、维护共和、反对专制独裁的政治倾向。种种版面文字，对研究孙中山与辛亥革命，具有很高的文献、史料价值。更值得注意的是，以《民生日报》命名、宣称"以民生主义为宗旨"的这家日报，创刊以来致力于宣传民生主义，大量刊登与此相关的文章。孙中山曾一再说明，民生主义即社会主义。基于这样的认识，《民生日报》在宣传民生主义的同时，也宣传了社会主义，发表了不少推介社会主义的文章，还对各地"社会主义者"的活动做了报道。该报的"评论"写道："社会主义潮流澎湃天地，几有不可遏折之势。"这样，《民生日报》对民生主义、社会主义的宣传，对社会主义思潮早期在中国，特别是在华南的传播，具有重要的意义。有关的资讯和文论，当然弥足珍贵。

《民生日报》宣传民生主义、社会主义的重磅之作，是陈振飞所译《绅士与平民阶级之争斗》。此文从1912年9月20日至10月24日，分7次连载于该报。邱捷经过认真的研究，指出这篇文章是《共产党宣言》第一部分"资产者和无产者"的中文全译本。并且他认为：《民生日报》发表陈振飞这篇译作的时间，虽然迟于《天义》（在日本出版的无政府主义刊物）发表的《共产党宣言》的第一部分（民鸣译，1908年）的时间，但《天义》是在日本出版的，国人知之不多；而《民生日报》则不然，正如该报的一则"告白"所说："（本报）出世以来，记载翔实，著作宏富，大为阅者诸君所赏识，早已一纸风行。"其传播力、受众面及于国内大众，特别是在华南。因此，陈振飞这篇译作对《共产党宣言》在中国的传播的作用与意义值得注意。

总而言之，通过对《民生日报》现存资料的梳理，首先揭示1912年秋《共产党宣言》（部分）的中译本在广州出版的报纸上发表的史实，是邱捷在历史研究中有意义的发现。这不但大大彰显了《民生日报》的文献、史料价值，刷新了学界对马克思主义在中国传播史的认识，对广东中共党史、大革命史的研究，也是一个积极的推进。

广东是近代中国民主革命的策源地，先后发生过推翻帝制、创立民国的辛亥革命和反帝、反封建的大革命。两次革命之间相隔的时间不长，互有内在的联系，前一次革命对后来的革命有深远的影响。学界已有人指出，不应当割裂辛亥革命与大革命的联系，而应在研究之中，打破畛域，开拓视野，将两次革命的因革损益、承先启后的情况弄清楚，只有这样，才能推进研究的广度和深度。在我看来，邱捷的研究是个很好的例子，说明对广东党史、大革命史的研究，应当目光前移，也就是要在辛亥革命前后的历史中，多做发幽探微的工作，深入寻找、梳理广东党组织的建立和大革命运动在广东兴起的文化、思想和政治渊源。若要深化广东党史、大革命史的研究，此乃必须做的功课。读了邱捷关于《民生日报》内容的介绍，特别是关于《共产党宣言》早期在广东传播情况的介绍，我更加深切地获得了这样的启迪。

本书还指出，《民生日报》的发行人陈德芸、编辑陈仲伟、在该报发表《共产党宣言》（部分）译作的陈振飞，都是广东新会外海镇人。而新会外海又是著名革命党人、孙中山密友陈少白的家乡。陈德芸、陈仲伟、陈振飞与陈少白是族亲的关系，他们过往甚密，陈德芸撰有《陈少白先生年谱》，陈振飞等人与陈少白有合影照片。由此我又联想到，《民生日报》致力于宣传社会主义并较早发表《共产党宣言》（部分）中译本，这不会是偶然的，而应与江门、新会一带的社会历史和人文条件有关。这一点，值得江门市、江海区、外海镇的领导和宣传、党史、方志等部门认真关注。这是一项发掘、利用红色历史文化资源的重要工作。编著者在本书的"后记"中，对尚未能查清楚陈振飞的历史感到遗憾，我估计是因条件所限。但大体可确定陈振飞为新会县外海人、留日学生，且有与陈少白等族亲多人的合影存世，按照研究近代人物的一般规律，有了这些线索，再经过进一步的调查研究，应有可能获得更多的信息。相信江门市特别是外海镇的有关部门在党史学习常态化的进程中，会就《民生日报》的内容、对这家报纸何以创自外海人士之手及对陈振飞这个人物的历史情况等做广泛、深入的调查研究，在搞清楚史实的基础上，组织开展如何纪念与宣传的活动，以推进党史学习、研究的深入。

很久以前，在邱捷所著《孙中山领导的革命运动与清末民初的广东》（1996年）一书中，我已读到了他写的《〈民生日报〉及其对民生主义的宣传》一文，初步知道了《民生日报》的若干情况。只是，我没有跟进，没有做进一步的研讨。特别是在读了他的相关文章之后，在我自己所写的或我参与写作的关于马克思主义在广东早期传播的文稿中，也未将他的成果加以吸收和推广。作为一名专业党史工作者，我甚感遗憾。这里，除了个人努力不足的主观原因之外，亦有《民生日报》不易借阅的原因在焉。邱捷说他不止一次阅读了全部《民生日报》的报页，读得津津有味，"读着读着，似乎产生了'穿越'回1912—1913年广东的感觉，从而对执掌广东军政府的革命党人有更多的理解与同情"。历史工作者多钟情于历史报刊，我也算是热衷于搜寻、翻阅旧报旧刊的一人。但愿此后会有更多的人、利用更便捷的手段阅读历史报刊，包括《民生日报》在内，让这一类史料在学术研究中发挥更大的作用。

我毕业于中山大学，与邱捷同出于中大历史系。此书编迄，编著者以校友的关系，并以老党史工作者的名义索序于我，这令我没有理由推却。我已退休多年，疏于学习，思维迟钝。以上所写，无何新鲜见识，实际上只是一篇读后感而已，不足以彰显这本书的意义与价值。聊以交卷，尚望读者不吝教正乃已。

曾庆榴
2022 年 6 月

前　言

2018年5月，为纪念《共产党宣言》出版100周年，中山大学在南校园图书馆举办了一次题为《笃行与薪传——马克思主义在中山大学的实践与传承》的专题展览，展出了一批馆藏的珍贵的马克思主义文献、文物。陈列品中有广州《民生日报》于1912年9月20日第一次刊登的《绅士与平民阶级之争斗》（即《共产党宣言》第一部分全译本，今译作"资产者和无产者"）的报纸原件。此后，学校主管部门建议历史系对这个译本做进一步的研究，后来确定这个项目由邱捷负责，并将其列入"中山大学文化传承重点发展项目"，书稿完成后学校又予以资助出版。

《民生日报》（1912年5月—1913年10月），是中山大学图书馆收藏的孤本近代报纸，目前未发现其他图书馆有收藏，研究新闻史、报刊史的学者对该报也知之不多。《民生日报》对研究孙中山与辛亥革命、社会主义在华早期传播都具有很高的文献、史料价值。

该报是陈德芸、陈仲伟等一批同盟会员为宣传孙中山的民生主义而创办的，因为孙中山和他的亲密同志都对包括马克思主义在内的社会主义抱着友好态度，并把民生主义称为社会主义，因此，该报有很多内容与社会主义有关。特别值得重视的是该报1912年曾分7次刊登了陈振飞的译论《绅士与平民阶级之争斗》，这是《共产党宣言》第一部分的完整译本。

《绅士与平民阶级之争斗》只是《共产党宣言》第一部分的译本而非全译本，应该如何理解其价值呢？学术界、理论界都极为重视《共产党宣言》在马克思主义经典著作中的重要地位。例如，张海鹏指出，"研究社会形态理论的学者不应该忽视《共产党宣言》",在《共产党宣言》中,体现马克思主义唯物史观"主要在第一和第二部分,即'资产者和无产者''无产者和共产党人'"。[1] 鉴于《共产党宣言》的重要地位,所有《共产党宣言》的早期中译本,在社会主义在华传播史上都有重要价值,而第一部分"资产者和无产者"又体现了马克思主义成熟阶段的唯物史观,因此,《绅士与平民阶级之争斗》在马克思主义在华传播史上的价值是不言而喻的。

目前,大家公认的《共产党宣言》第一个中文全译本是 1920 年出版的陈望道的译本。对于在此以前的中译本,学术界较熟知的则是 1908 年《天义》所刊"民鸣"的《共产党宣言》第一部分的译本,对上述陈振飞的选译本,理论界、学术界迄今尚较少注意。

无政府主义者刊物《天义》所刊登的"民鸣"的译文,时间上早于陈振飞的译本,但《天义》在日本编辑发行,读者面很窄。《民生日报》的译文是中国本土最早的《共产党宣言》选译本,译者陈振飞则是第一位真名实姓可考的、把《共产党宣言》翻译成中文的中国人。他在报纸上发表这篇译论,也有特别的意义。在清末民初,最重要的大众传媒,以及大部分识字的人获取信息的主要渠道,就是每日发行的报纸。《民生日报》连载刊出《共产党宣言》第一部分的译文,反映出报纸的主持者和译者对一般民众介绍、宣传《共产党宣言》的意向。陈振飞的译本在一份发行量不错的日报上连载,对各界群众的影响会比《天义》的译本大得多。因此,这篇译论,更可突显《民生日报》在中国报刊史上的地位。

孙中山曾说自己创立民生主义的直接动因,是受到欧美工人运动的刺激,民生主义吸收了包括马克思主义在内的各种流派的社会主义。孙中山称自己为"中国社会主义者"。在政治上最接近孙中山的一批粤籍革命党人,主要有朱执信、廖仲恺、胡汉民,也对马

---

[1] 张海鹏:《如何理解马克思主义社会形态理论?》,载《历史评论》2021 年第 5 期,第 55-63 页。

克思主义在华早期传播作出了贡献。特别是朱执信,1906年,他在《民报》撰文介绍了马克思、恩格斯的生平和《共产党宣言》《资本论》的某些内容,朱执信说,他之所以向中国读者介绍马克思等人的学说,其目的是要使这些学说"溥遍于吾国人士脑中,则庶几于社会革命犹有所资也"。1912年6月初,在上海出版的《新世界》杂志刊出朱执信译述、煮尘整理的《社会主义大家马儿克之学说》,更为详细地介绍了《共产党宣言》的内容。日后,毛泽东对朱执信介绍马克思主义的贡献评价甚高:"朱执信是国民党员。这样看来,讲马克思主义倒还是国民党在先。不过以前在中国并没有人真正知道马克思主义的共产主义。"正当《民生日报》连载《共产党宣言》译文时,孙中山于10月14—16日在上海演说社会主义,高度赞扬马克思及其理论。朱执信的《社会主义大家马儿克之学说》与陈振飞的《绅士与平民阶级之争斗》在这段时间先后刊出,可能是偶然巧合,但于此也可以看出当时广东存在着介绍马克思学说的社会氛围。

我们说广东是民主革命的策源地,通常想到的是辛亥革命运动和国共合作的大革命运动。其实,得近代风气之先的广东,在传播、介绍社会主义学说方面,也有很重要的地位。研究19世纪末20世纪初社会主义在华传播史的学者往往对广东注意不够。陈振飞译文的发现可以很大程度地改变这种认识。事实证明,广东也是马克思主义在华早期传播的重要地区之一,到五四运动期间和大革命时期,广东再次成为马克思主义学说的传播中心之一绝非偶然。

《民生日报》刊登过一批有关社会主义的文章。总的看来,这些文章并没有接受马克思主义关于无产阶级与资产阶级阶级斗争的观点,而主要是主张发展工商业与劳资调和合作。然而,对占有农村土地的"富人",特别是农村的绅士,《民生日报》则持强烈的抨击态度。他们认定绅士阶层是共和民国的敌人,是社会改造的障碍,希望民国政府对绅士采取更为严厉的打击政策;他们宣传民生主义和社会主义,主观上是为了将来的发展,但也很难脱离客观的现实，潜意识中把《共产党宣言》作为新的思想武器，用于同绅士阶层的斗争。所以，陈振飞翻译《共产党宣言》的时候，明知把bourgeoisie与bourgeois译成"绅士"并不确切，但也要用来做标题了。

无论是陈振飞还是其他在《民生日报》发表有关社会主义言论的人士，对马克思学说都没有深入的认识，也不能区别各种流派的社会主义，他们只是把马克思学说的某些内容，作为从外国寻来的思想武器之一种而已，仍是站在中国资产阶级民主派的立场去理解和阐释。在当时的中国，还没有马克思主义广泛传播的经济、社会条件，即使是孙中山、朱执信，也未能真正理解马克思主义。我们今天自然没有必要苛求当时的革命党人。然而，陈振飞等人在这个时期就关注、介绍甚至宣传马克思主义的某些观点与著作，其进步意义是值得肯定的。

《民生日报》的发行人陈德芸和陈仲伟等若干位撰稿人后来都曾在中山大学、岭南大学任教，因此，这份进步报纸又与我校校史有关系。鉴于《民生日报》是我校收藏的孤本报刊资料，如果做深入研究，可以使这份包含有红色基因的珍贵历史文献，对中山大学以至对广东省的文化建设发挥更大作用。

中山大学是一所有深厚学术传统、革命传统的学校，校图书馆收藏的文物、文献，包括革命文物、文献，不仅在华南地区，而且在全国都名列前茅。20世纪80年代，中山大学图书馆全面整理馆藏文献后编印成目录，《民生日报》成为查阅频率最高的馆藏旧报刊之一，本校学者利用《民生日报》写成多篇论文并在核心期刊发表，于此体现出该报的重要史料价值。然而，校图书馆很快就发现，民国时期的报纸如果继续向读者开放，将出现不可修复的损毁，为此，在21世纪以后不得不将所有原版近代报刊停止借阅（全国图书馆也基本如此）。在对《民生日报》的史料价值进行研究的同时，我们也对如何保护《民生日报》以及其他近代出版物做一些力所能及的探讨。

本书分为两个部分，第一部分是对《民生日报》的介绍及相关研究，第二部分是《民生日报》所刊有关民生主义、社会主义的文章的选编。对第二部分的资料，原则上照录报纸，对很明显的错、漏字做适当的校勘；为方便广东以外读者读懂，对《劝世龙舟·民生十劝》等篇的粤语字词做了注释。

书稿编成之际，我们读到华东师范大学瞿骏教授研究社会主义早期在华传播的新成果《20 世纪初社会主义在江南的传播》(《历史研究》2021 年第 6 期)，深受启发。瞿教授提出，"围绕社会主义在中国传播这一课题"，可在"社会主义在中国传播的时间线索重审""社会主义传播的区域差异比较""社会主义传播的具体过程再思"等三个方面取得突破，我们非常赞同。这篇文章提到民国初年江南一些地方传播社会主义的事实，提到若干刊物介绍过马克思以及《共产党宣言》《社会主义从空想到科学的发展》，并指出，在江南地区，影响社会主义传播的有交通发达（尤其是近代交通、电信网络）、经济文化发达、与国外的联系互动密切、上海的辐射等四方面的条件。由是我们想到，上述条件与同一时期以广州为中心的珠三角地区不是有相似之处吗（只是珠三角这边不是上海的辐射，而是受广州、香港、澳门的影响）？《民生日报》中的很多内容，与瞿教授文章提到的很多事实似乎也是遥相呼应。遗憾的是，广东对有关近代社会主义传播的文献收集、整理、研究远不如上海。我们很希望这本书编成后，有助于促进"社会主义在华早期传播"问题的研究，尤其希望有助于促进以上海为中心的江南地区以及以广州为中心的珠三角地区的比较研究。

限于水平，本书肯定还有不足甚至错误之处，期望出版后得到读者的批评指正。

第一部分　相关研究

《民生日报》的政治倾向和史料价值

邱 捷

1912—1913 年，因清政府被推翻、共和制度建立，整个中国社会显现出一派思想解放的新气象，于是，出现了一个报刊大发展的时期，仅广州一地，就有 20 多家报社，《民生日报》是其中发行的一种报纸①。当时广州的报纸能保存至今的极少，所幸中山大学图书馆保存了一套比较完整的《民生日报》。这份报纸对研究孙中山与辛亥革命、社会主义在华早期传播史都有重要的参考价值，但中国传媒史、中国近代史等学科的学者以及理论界对这份报纸的了解和研究都很少，故在此做较为详细的介绍。

一、《民生日报》的概况

《民生日报》创刊于 1912 年 5 月 4 日②。"二次革命"失败后，袁世凯的鹰犬龙济光任广东都督，严厉打压进步传媒。1913 年 11 月 10 日，广东省省长李开侁命令警察厅把《民生日报》《中国日报》《震旦报》《民国报》《国民报》《粤东公报》6 家报纸以"乱党机关报"的罪名"勒令一律停版"，并"严拿究办"主笔③。《民生日报》出版时间约一年半。

对于广州《民生日报》，以往的论著甚少介绍。因此，在很长

---

① 据《民生日报》1912 年 8 月 15 日以后连续刊出的《广州报界全体广告》，其时广州有报社 22 家。
② 据《民立报》1912 年 5 月 6 日之报道，4 月 27 日孙中山请广州报社记者参加茶话会，已有《民生日报》的代表参加，但其创刊号刊于 5 月 4 日。
③ 《李省长指令警厅封报六家》，载《申报》1913 年 11 月 16 日，第 7 版。

一段时间内研究中国近代史、中国传媒史的学者，对该报有关的背景以及编辑、撰稿人的情况都知之甚少，时至今日仍重视不够。

该报创刊时，报头上印明报社地址在广州打铜街59号，发行人陈德芸，编辑人陈仲伟。初创刊时为每日2大张8版，从1912年8月12日起增为3大张12版。1913年8月11日，龙济光抵广州，从当天起陈仲伟即不再任编辑人，改由陈德芸兼任，不久报纸也由每天3大张12版恢复为2大张8版。至1913年10月10日，发行人兼编辑人改为李仲儒，一个月后《民生日报》即被封禁。

《民生日报》的发行人陈德芸（1876—1947）是广东新会县外海乡（今江门市江海区外海镇）人，少负文名，从学于族兄陈荣衮，后来曾任教于岭南大学与中山大学，当过岭南大学图书馆中籍部主任、图书馆馆长，著有《古今人物别名索引》等书。

该报编辑人陈仲伟（1878—1932），名颂豪，为德芸族弟，1904年赴日本留学，1905年加入同盟会①；1906年归国，主要在家乡从事教育工作。1912年与陈德芸创办《民生日报》。之后，曾于岭南大学任教约10年，20年代任过开平县县长等职，又曾在中山大学任教。二陈均为孙中山兴中会时期最重要的助手陈少白之族侄②。

陈仲伟曾以治顽、凡夫的笔名为该报撰论。另一位撰稿人陈振飞也是新会人、陈少白族人（后文会对陈振飞做较多介绍，此不赘述）。此外，常为该报撰写论说的还有同盟会员陈安仁（1890—1964），他日后曾任教于岭南大学、中山大学，著有《孙中山之思想及其主义》《文明家庭教育法》等著作多种，是著作等身的国民党理论家。另一位有名气的作者为陈荣衮（字子褒，1862—1922），

---

① 据罗家伦主编《革命文献》第2辑（台北中国国民党党史委员会编辑，1958年再版本）第55页，"中国同盟会成立初期（乙巳、丙午）之会员名册"，陈仲伟与胡汉民、廖仲恺同于"乙巳九月一日"入会。

② 参看许衍董总编纂《广东文征续编》第2册，广东文征编印委员会1987年刊行，陈德芸、陈颂豪之传记。

他与前面提到的陈德芸、陈仲伟、陈振飞等都是新会外海陈氏族人。《民生日报》所刊的论说和短评常署的笔名还有"今我""磨锈""茹沧""止戈""一鸣""民""达""锈""初""雨""痴"等，笔者至今尚未能考证出这些作者的真实姓名。

从《民生日报》刊出的"代办处"地址，可知该报发行范围主要是广州以及珠江三角洲、珠江沿岸、广东境内铁路沿线的城镇，还有香港、澳门，省外则有广西的梧州。1912年8月，该报扩充版面时的"紧要告白"说："（本报）出世以来，记载翔实，著作宏富，大为阅者诸君所赏识，早已一纸风行。"从其版面的扩大及广告增多的情况来看，告白说的当为实情。但"一纸风行"主要在广东内地以及港澳，在更远的地区看来影响不大。这样一份由同盟会员主编的、以评论和新闻为主要内容的报纸，能受到社会的欢迎，多少也反映了当时广东群众对政治的关心和对革命予以一定支持的态度。

《民生日报》重视"论说""短评""新闻"这几个栏目。该报不设社论，每日刊"论说"一至两篇、"短评"两至三篇，有时还刊登翻译自外文或依据外文资料写成的"译论""译件"。这些"论说""译论"的署名者不同，论点也不完全一致。但是，基本上都坚持维护民主共和、反对专制独裁的原则。

二、《民生日报》的政治倾向

《民生日报》维护民主共和、反对专制独裁的政治倾向，突出反映在该报对孙中山与袁世凯不同的态度上。《民生日报》是在1912年4月下旬孙中山回粤、胡汉民重任粤督之后不久创刊的。它一开始即揭橥宣传民生主义的宗旨，后来，这个宗旨虽未完全坚持，但直到1913年8月"二次革命"失败前，该报所有论说、评论、新闻，对孙中山都充满崇敬之情，高度赞扬孙中山创建民国的功绩，热情支持孙中山的各种主张。在现存的报纸中，唯一的一次与孙中山意见有所不同的是对孙中山修筑三大铁路的计划提出一些疑问,认为经过新疆、外蒙、西藏的铁路"所经区域,大半地瘠人稀,恐借外债筑之,遽难获得",因此,建议在日后财政充裕时再筹划。① 1912年六七月间,某些报刊传出"中山之退,实出于受贿而已"的谣言,《民生日报》对此表示极大的义愤,旗帜鲜明地维护孙中山的声誉。② 在"二次革命"失败后,《民生日报》迫于形势,在新闻报道中也有少数对孙中山不恭之词,但在论说、短评中则绝无攻击、漫骂孙中山的情况。之后刊出一则新闻转述"日本某重要人物"会见孙中山的情况:"孙着白地浴衣,其面色憔悴,惟意气犹轩昂也。谓:'此次起事,就表面观之,可云全然失败,不知袁之压力一松,则所在讨袁旗帜犹当复起;盖袁苟不屈服于我辈,则中国之平靖总无望也。吾信革命党必操最后之权利,今之失败,殊不足虑!'"③ 这样的报道,无异于仍为孙中山做宣传。

《民生日报》对袁世凯一直采取警惕和反对的态度。在宋教仁被刺以前,尽管保守势力与进步势力一直进行博弈和斗争,但双方并没有撕破脸。同盟会最有影响的报纸《民立报》对袁世凯曾持相当温和的态度,《民生日报》对袁的态度较《民立报》严厉得多,在论说、短评和新闻中,常直呼"袁世凯"而不称"袁总统",对袁种种违背民主共和精神的举措予以揭露与抨击。在1912年7月同盟会改组为国民党后,党内对袁妥协的气氛相当浓厚。但《民生日报》在论说中揭露,袁世凯受任总统后,"大有帝制自为之志"④。该报先后发表了《袁世凯之解散军警联合会之非本意》(8月6日)、《胡督争废军民分治电书后》(8月8日)、《咄咄北军只知有总统》(8月21日)、《袁世凯张振武有幸有不幸》(8月23日)、《袁世凯之权术》(9月4日)等抨击袁世凯的文章。后来,

---

① 《借债筑路谈》,载《民生日报》1912年9月9日。
② 《呜呼今日之言论界》,载《民生日报》1912年7月6日。
③ 《孙中山之言》,载《民生日报》1913年8月30日。
④ 《参议院通过新国务员案之可疑》,载《民生日报》1912年8月1日。

有文章指出，"正式选举，而果又属袁，中国尚可问乎！得毋更借统一之名而恣其大欲乎？"① 有文章还提出了更激烈的对袁主张："总统违法则弹劾之，弹劾无效则以种种实力对付之，民主政体之所以为民主，纯在此点而已。"② 在"二次革命"失败后，《民生日报》虽不再公开反对袁世凯，但仍不时刊出讥讽袁世凯的言论。

前文说到，《民生日报》几位起重要作用的人士都是陈少白的族人，陈德芸、陈振飞与陈少白于1933年合影的照片尚存世。据此可推测该报与陈少白有密切关系。同盟会时期，陈少白虽基本不在决策层，但仍为同盟会的重要人物，在广东军政府担任过重要职务。同时，因其与孙中山的关系及其资历，陈少白受到军政府高层和社会的尊重、礼遇。陈德芸等人在同盟会内和广东军政府中没有担任重要职务，但因为陈少白的关系，他们与军政府的沟通也会处于较为优越的地位。不过，其时孙中山尚未有明确"为革命宣传"的系统理论、策略、措施，《民生日报》虽为一批同盟会员创办，但看来并非广东军政府的喉舌，没有资料显示军政府对其有经费资助，从经营角度看仍属"商办"报刊。因此，"二次革命"失败后该报仍可延续数月，后因李开侁下令封禁才停版，停办并非由于本身的财政问题。

从创办之日到"二次革命"失败，《民生日报》对革命党人掌权的广东军政府基本上是支持的，但前后态度又有一些变化。在创刊之初，陈仲伟写的一篇评论对广东前途充满希望："迩者中山回粤，汪、胡诸子相继而返，又安在吾粤之不足治者！可喜哉！粤东之前途；可慰哉！粤东前途之希望。"③《民生日报》的另一篇文章，针对上海报纸对广东局势悲观的报道发表评论："吾粤数月以来，独能遣散军队、芟夷荆棘，虽或鼠辈犹思蠢动，官吏亦不无好

---

① 《统一观》，载《民生日报》1912年10月29日。
② 《弹劾总统声》，载《民生日报》1913年1月23日。
③ 《粤东前途之希望》，载《民生日报》1912年5月17日。

杀之讥,然大局已定,近日且为恢复秩序之图,其视各省之纷纷扰扰者固有间矣!"① 当时,广东军政府的一些举措(特别是警察厅厅长陈景华和教育司司长钟荣光的一些措施)受到"商民"们和临时省议会激烈的批评。《民生日报》站在革命党人的立场上,支持军政府各项带有革命性的政策措施,同批评军政府的人辩论,对军政府的施政提出积极建议,还利用报纸的宣传功能协助军政府推行各种政策。例如,纸币的低折②是当日困扰广东军政府的一个大问题,每当军政府颁布有关纸币的新政策时,《民生日报》都会发表言论表示支持。1912年9月,广东军政府决心对纸币进行大整顿,《民生日报》在广告版连续刊出署名"广东人一分子"的《维持广东大问题》,号召"由一人而一家一店一社会一县府,及全省人民",共同讨论,明确维持广东纸币的意义,研究解决纸币低折的办法。《民生日报》本身发表了大量讨论纸币问题的文章,这些文章从各方面分析纸币低折的原因,并提出一些提高纸币信用的方案。

1912年7月,传言北京政府将任命徐绍桢代胡汉民督粤。《民生日报》发表文章,认为这是袁世凯企图打击同盟会的一个阴谋,"此即去黄留守去王芝祥之意",坚决主张维持胡的地位③。《民生日报》大约在刊行半年之后,开始对以胡汉民为首的广东军政府有所批评,但又对执政者的困难处境表示谅解。《民生日报》刊登于1912年11月9日广东光复周年纪念日的论说《对于光复日之感情》在谈到广东现状时说:"虽曰盗贼充斥、商务凋瘵、财政困难,然改革以后,此三百六十五日之内,亦岂能遽臻治安者?毋亦望之奢而责之重欤?"1912年12月,广东军政府为解决财政困难,改

---

① 《粤慰》,载《民生日报》1912年6月28日。
② 低折:当时的纸币都是银币的兑换券,规定与面额相同的银币等值流通,并随时可到发行机构兑换等值银币。如流通时纸币的实际价值低于面值,则称为"纸币低折"。军政府采取各种措施以求纸币按面值流通,称之为"维持纸币"。
③ 《胡督去粤之理由及影响》,载《民生日报》1912年7月12日。

变初衷，批准娼业开复。12月7日，《民生日报》发表了《论娼业之开复》，对此作了尖锐的抨击，并对粤局表示失望。1913年以后，该报对广东军政府的批评日益增多。批评集中在社会治安、吏治、财政这几个问题上。当时，广东商民已普遍对胡汉民不满，《民生日报》的言论正是反映了这种社会舆论。相较于正都督胡汉民，《民生日报》对军政府副都督陈炯明更有好感，赞扬陈炯明的言论不少。在"宋案"发生后，《民生日报》在揭露袁世凯的同时，对广东军政府也有很多批评。在胡汉民被袁世凯免职的前后，《民生日报》再也没有支持胡的言论，在胡被免职后，还刊出了不少各方抨击胡汉民的新闻和文章。但是，该报又没有完全否定革命政府的政策措施。在"二次革命"失败后，《民生日报》一再在"论说"和"短评"中肯定和怀念革命党人执政的时期。这当然会大触龙济光之忌，恐怕也是该报被封禁的一个原因。

值得注意的是，《民生日报》从创刊到"二次革命"爆发前，对龙济光的好感几乎是一贯的。在诸如《龙统制与广东实业之关系》（1913年5月23日）等评论和各种有关龙济光的新闻中，都一再赞扬龙所部军队在维持广东治安方面的"功绩"，对龙个人亦不乏吹捧之辞。在广东独立后，龙济光慑于革命党人的势力，采取了韬晦待时、争取舆论的策略。不仅胡、陈对龙基本没有戒心，广东各界也对龙寄予很大的希望。1913年8月，龙济光得以凭一支饷械不足、兵力单薄的军队兵不血刃地入踞广州，舆论的赞许与商民的欢迎都是重要的原因。但龙济光一攫得粤督职位便暴露出狰狞的面目，入城后即对曾参与"二次革命"的广东陆军（已宣布拥护龙）发动攻击，给广州商场造成严重破坏。对此，《民生日报》虽不敢正面抨击，但连日以大量版面刊登张勋所部在南京焚劫屠杀的新闻并予以痛斥，读者当然会因而联想到龙部的暴行。此后，《民生日报》再也没有刊登奉承龙济光的言论了。

《民生日报》也表现出激昂的爱国热情。在1912年五六月间的"国民捐"运动和当年十一二月间反对《俄蒙协约》（11月3日签订)的运动中,《民生日报》都大声疾呼,号召各界奋起,反对外国的干涉和侵略,维护中国的主权和领土完整,并以大量版面连续报道;对袁世凯政府的妥协误国政策予以揭露和抨击。1912年11月4日发表的论说《吾国人当助各国革命》说:"自吾民国告成以后,东亚革命之潮流澎湃冲击,君主皇族与夫强权国家、殖民官吏,有岌岌不可终日之概。"该文提出中国应当支持俄国、朝鲜、印度、越南的革命以牵制侵略者,"是吾国之助人,直以自助而已矣!"文章谈到了辛亥革命对亚洲各国革命的影响以及中国革命与各国革命的关系问题,这在当时是相当难能可贵的。

《民生日报》根据民主共和的原则,提倡社会改革。该报对教育问题发表了大量文章,主张在教育思想、教育制度、教材教法等方面进行改革,男女享有平等的受教育的权利,对以往没有机会上学的成年人实行业余教育,通过教育的方法宣传民主共和的原则,普及科学知识等。对社会上存在的蓄婢、纳妾、嫖娼、烟赌、迷信等丑恶现象和陋习,《民生日报》表示出极大的憎恶,一再呼吁军政府厉行禁止。当时,军政府为制止宗族械斗之风,采取严酷的镇压手段,《民生日报》在一篇《严杀可以止斗乎?》(1912年5月25日)的评论中认为制止宗族械斗不能单纯靠镇压,"弭之之法,自非改良族制、普及教育不为功;区区严杀,恐未足以革浇风也"。为了破除迷信、破除旧俗,《民生日报》甚至建议官厅禁止商店出售七夕乞巧物品。这在今天看来这未免太琐碎、偏激,但于此也反映出该报对改良社会风俗的迫切态度。1912年6月21—22日、6月29日,该报先后发表《今日宜提倡火葬》《再论火葬之急宜提倡》,指出"欲造就一新世界,须革除旧日之风习",实行火葬对于振兴路矿、破除迷信、维护社会治安和卫生都有莫大的好处。文章还说:"使人人自保其遗骸,吾恐百年以往,泱泱大陆,尽为丘陇犹不堪埋已枯之骨,将复奈何?"在当时为火葬大声疾呼,确是一种惊世骇俗之举。

三、《民生日报》对研究孙中山的史料价值

辛亥革命时期民主革命派的报刊很多,但明确宣告以宣传孙中山思想为宗旨的却很少。即使是著名的《民报》《民立报》,也没有宣告以宣传孙中山思想为宗旨。因此,《民生日报》自然与孙中山关系特别密切。广东是孙中山的故乡,是辛亥革命运动的发源地和中心地区之一,因此,由同盟会员创办、以宣传孙中山思想为宗旨的《民生日报》,对于研究孙中山的思想及其领导的革命运动,有着重要的价值。

第一,《民生日报》可为编辑孙中山的文集和研究孙中山的活动提供新资料。《民生日报》重视新闻报道,对有关孙中山的言论、活动,更是尽量详细报道。由于它是一种地方性报纸,所以,当孙中山不在广东时,《民生日报》有关孙中山的报道不及《民立报》《申报》等著名报纸详细。但对于1912年4月25日至6月18日这50多天中孙中山在广东(包括到香港、澳门)的活动,目前所见的各种报刊的报道均不及《民生日报》详细。这段时间《民生日报》所刊登的孙中山的函电、讲话,不少是此前孙中山各种文集都未曾收录的,目前已可说是《民生日报》的"独家新闻",研究孙中山的论著若涉及这50多天,就必须利用《民生日报》。

第二,编辑《孙中山全集》的补编或新的全集,有些内容要以《民生日报》为底本。《民生日报》还可以订正或佐证以往孙中山文集、文献的某些篇章。下面,举出几个利用《民生日报》校订孙中山文集的例子。

《孙中山全集》第2卷收录之《在广州对报界公会主任的谈话》,系发表于1912年5月13日,其中有一段说:"但有一二报馆记者,仍未深悉平均地权之法,以为不善,而主张累进纳税之法。凡理以辩驳而愈明,某报记者之能研究此问题,我甚乐闻之。惟彼

所言之累进税法，即我所言之平均地权法……"① 这里"累进税法即平均地权法"一说，与孙中山的一贯主张有出入。查《民生日报》，这是5月12日上午9时孙中山与报界公会主任朱民表的谈话（见该报5月13日"本省新闻"，文字略异）。5月14日，该报刊登了一则《孙中山来函》："昨日与报馆记者谈话，谓某报所论之累进税，与照价抽税无所差异，而各记者误记与平均地权无所差异。夫平均地权者，政策之总名也；照价抽税，平均地权之办法也。总名与办法，固不容混而为一。然此中之误，自显而易见，不足作为辩论之根据也。乃某记者斤斤以此为争点，而又从引申平均地权曰：'质而言之，即通算一国之人数若干，一国之土地面积若干，比例而分配之，使每人所有之土地，彼此均一，而无复多少之差略，为三代之井田、及后世之均田是也。'此又节外生枝，而强以平均地权为平均地之面积矣。而不思井田、均田之所以不复行于后世者，则平均面积，实为不平均之甚者也。何以言之？如甲得长堤之地一亩，与乙得野外之耕地一亩，面积则同也，而权利则大异矣！请研究此问题者，从而加慎焉。"这封信完全解决了我们对"累进税法即平均地权法"的疑问，也体现了孙中山讨论问题时的认真态度。于此，也可见当日广州一般人士对平均地权理论的认识，从而可以帮助我们了解创办《民生日报》的一些背景。孙中山的这一来函，1990年前各种孙中山的文集均未收录。当时孙中山特地通过《民生日报》更正，也可见他同该报的特殊关系。

19世纪80年代，东莞市方志办从该市上沙乡村民孙衍佳处征集到两件文物——《孙族恳亲会欢迎孙中山记》传单及孙族恳亲会合照。据孙衍佳称，这两件文物是其父孙同发参加恳亲会后带回家的。当日上沙乡与会者有多人，该乡一些老人说昔日好些人家都收藏有该照片。《民生日报》1912年5月15日的报道《孙族恳亲会

---

① 中国社会科学院近代史研究所中华民国史研究室：《孙中山全集》第2卷，中华书局1982年版，第364页。

纪事》，内容与传单同，文字则略异。该次恳亲会系 5 月 11 日下午在广州大石街萧公馆举行，孙中山在答辞中说道："……惟念四万万同胞，皆黄帝之子孙，其始均无所谓民［氏］族者。自人民繁衍而姓氏生，而血［家］族见重，由是家族以起。然此家族亦正［甚］好。合无数家族，而即成为国家。今者民国成立，政当共和，合满汉蒙回藏而成一，亦犹是一族。"（个别字按传单校勘）1924 年，孙中山在演讲民族主义时，谈到"由宗族主义扩充到国族主义"的问题。《民生日报》的报道和传单所引孙中山的话，恐怕是目前见到的这个主张的最早表述。而这个答辞的大要，不见于 1990 年前各种孙中山著作的结集。传单和《民生日报》的报道，为孙中山祖籍确为东莞提供了一项佐证①。

《孙中山全集》第 2 卷之《在法教堂的演说》，将发表时间系于 1912 年而未标月日（台北 1973 年、1989 年出版之《国父全集》同）。《民生日报》1912 年 5 月 13 日《石室天主堂欢迎孙先生纪略》详细地记载了 5 月 11 日上午石室天主教堂欢迎孙中山的经过。《在法教堂的演说》的内容就是该报道中孙中山答辞的大意。因此，这一演说的时间可确定为 1912 年 5 月 11 日。孙中山到广州石室教堂演说宗教与政治的关系一事，应在近代中国基督教史写上一笔。

第三，该报可以使人们了解到民国初年革命党人如何宣传和推行民生主义。对此，后文再做详细的介绍。

第四，在广东军政府任职的胡汉民、陈炯明、朱执信、廖仲恺、陈景华等人，与孙中山的关系密切，其中胡汉民、朱执信、廖仲恺是同盟会中在思想、政治上与孙中山最为一致且是《民生日报》做了积极宣传的人物。在广东军政府任职的一两年，是上述各人政治生涯中一个相当重要的时期。要深入地研究孙中山、研究辛亥革命，就应该先研究上述这些人。《民生日报》的内容可供研

---

① 关于孙中山家世源流的争论与考证，可参看［澳］黄宇和《三十岁前的孙中山——翠亨、檀岛、香港（1866—1895）》，香港中华书局 2011 年版，第 10 - 24 页。

以上人物以及编辑他们文集时参考。

四、《民生日报》是研究广东辛亥革命的史料宝库

广东是辛亥革命运动的策源地，孙中山组织的反清起义大多数在广东举行。在共和制度建立之初，广东是同盟会势力及其影响最强大的省份。广东军政府的主要成员几乎都是同盟会员①；临时省议会议员、高级军官和县长以上的官员中，同盟会员也居多数②。同盟会本部致电胡汉民，称"粤为根据地"③。孙中山回粤后做的第一件大事，就是全力支持在思想、政治上最接近自己的胡汉民重任粤督。这不是因为他个人对胡的感情特别深厚，而是希望通过任用胡汉民等在政治和思想上与自己接近的革命党人，从而在广东全面贯彻自己的主张，使广东成为一个民主共和的模范省。也可以说，这是中央政权落在袁世凯手上之后，孙中山巩固同盟会在南方地位的重要措施。不少资料显示，孙中山与广东方面一直保持联系并以此发挥影响。但是，目前能看到的有关广东军政府的原始档案，例如官私文书、命令、告示等很少。而《民生日报》每日都刊登大量的公电、布告、命令、批牍，经常报道和评论广东军政府的各项政策措施、广东临时省议会讨论议决的情况、军政府要人的言论活动以及广东社会各界对广东军政府的态度，为研究广东军政府留下了大量的一手资料。

周兴樑以《民生日报》为主要资料来源写了多篇论文，分析了

---

① 原民政司长黎国廉是同情革命的绅士，在胡汉民重任粤督后辞职，由钱树芬继任。

② 据《胡汉民自传》（罗家伦主编：《革命文献》第3辑，中国国民党党史会编辑，台北1958年再版本）第49页，广东临时省议会的选举法是胡汉民、陈炯明、朱执信拟定的，"各界当选者，十九俱籍同盟者"。1913年6月，胡汉民辞职后，《民生日报》批评胡用人不当："县知事之来自田间者，殆十七八。"（1913年7月14日）后来又说："胡陈秉政，县知事任用私人，优隶贩夫，皆膺民社。"（1913年10月13日）显然，当日任县长的多是一些平民出身的革命党人。

③ 《专电》，载《申报》1912年7月5日。

广东军政府的机构组成、施政指导原则及其行政的内外方策与实践，全面论述了广东军政府近两年全部活动与斗争，指出它是一个资产阶级革命派领导的地方民主共和革命政权。广东军政府的活动与斗争，从一个省的范围证实了孙中山领导的辛亥革命是一次具有完全意义的资产阶级民主革命运动①。周兴樑的成果充分反映了《民生日报》作为研究辛亥革命运动第一手资料的重要价值。

《民生日报》对于研究辛亥革命还有另一方面的重要价值，就是全面、细致地反映了1912—1913年广东的经济、社会、文化等各方面状况。同一时期的《香港华字日报》《时报》《申报》对广东也有大量报道，但这些报纸的政治倾向都是不支持甚至反对革命党人的，报道存在夸大革命党人的失误等情况，且它们并非广东本地的报纸，故片面、失实的情况相对会多一些。而《民生日报》为同盟会员创办，不可能制造对军政府不利的假新闻，且它就在广州出版，新闻误差的可能性肯定小些。因此，其对这段时期有关广东的新闻报道比其他报纸更为细致、具体、可信。

由林家有主持编撰、中山大学孙中山研究所同人参与撰写的《辛亥革命运动史》，把1894年11月兴中会创立到1913年9月"二次革命"失败这18年10个月作为辛亥革命运动的时间上下限，认为自1912年4月孙中山正式解除临时大总统职权到1913年9月"二次革命"失败这1年5个月"是辛亥革命从退潮到失败的阶段"②。《民生日报》就是辛亥革命运动在广东由高潮逐步转为低潮，直到失败历程的全记录。周兴樑利用《民生日报》写出的系列成果是对革命党人在这个阶段的奋斗与贡献的出色研究；另一些人

---

① 周兴樑利用《民生日报》研究广东军政府的论文主要有《民初广东军政府建立的共和制度及其失败》(《近代史研究》1992年第6期)、《论辛亥革命时期的广东军政府》(《历史研究》1993年第3期)、《胡汉民与民初广东军政府的创建及其行政》[《中山大学学报》(社会科学版)，2012年第5期]等。

② 林家有主编：《辛亥革命运动史》，中山大学出版社1991年版，第9–12页。

则从另一些方面做了研究①。以往我们讨论辛亥革命失败的原因时，会很注意旧官僚、立宪派加入新政权所起的负面作用和革命党人一些腐败的表现，以及革命党人某项重要政策的失误（如遣散民军）。但广东军政府完全由同盟会掌权，县以上的官员很少有旧官僚，基本上没有立宪派，而军政府高层也都可说勤政清廉，为何辛亥革命在广东仍然失败了？《民生日报》为回答上述问题提供了大量事实，可以让我们对辛亥革命失败的社会、经济原因以及对革命党人本身难以克服的缺陷有更多认识。

从《民生日报》可知，胡汉民、陈炯明等人励精图治，希望把广东尽快建成民主共和的"模范省"，他们的努力并非没有成效，更非没有意义；但革命党人在政权建设方面毫无经验，也缺乏理论准备和干部准备。胡汉民、陈炯明等人坚持共和理念这一点毋庸置疑，然而，他们掌权后征收赋税、维持治安等要政却只能基本沿用清朝的办法，例如，各县为征收赋税往往大量留用清朝的书吏、粮差②。1911 年底，在革命浪潮下，清朝时士绅掌管的乡村权力机构受到严重冲击，但到了 1912 年夏天，革命党人出任的县长又纷纷延请清朝旧绅出头帮助自己征收赋税和清剿盗匪③。这不是因为革命党人的政治立场出了问题，而是他们在乡村没有"自己人"，完全撇开旧绅就无法把钱粮收上来和管治乡村基层社会。但旧绅不会为革命党人效忠和出力，甚至自己也不交钱粮④。为应对政权更迭后严峻的治安问题，军政府沿用清朝"刑乱用重"的老办法，宣布以军法处置"赌盗会斗"⑤，大举清乡，把杀人权下放给县长和清乡的中级军官。在广州，警察厅长陈景华有判处、执行死刑的权

---

① 如邱捷的《清末民初地方政府与社会控制——以广州地区为例的个案研究》，载《中山大学学报》（社会科学版）2001 年第 6 期。
② 《四月十日省会速纪录》，载《民生日报》1913 年 4 月 16 日。
③ 《互相报复》（1912 年 6 月 6 日）、《虎绅荣归》（1912 年 8 月 1 日）、《三十六乡办团》（1913 年 1 月 15 日）。
④ 《收粮难》，载《民生日报》1912 年 12 月 24 日。
⑤ 即赌博、盗匪、会党、大规模的械斗。

力，杀了很多人；陈炯明甚至出告示宣布赌麻雀也要判死刑①。据《民生日报》报道，全省不到一年就因清乡而死人过万，而被杀的往往只是稍有犯法者甚至是无辜的平民。然而，清乡的成效并不好，治安问题一直得不到改善②。《民生日报》每日都有不少关于盗劫的新闻，现存的 355 天报纸共刊出"本省新闻"13217 条，其中有关"赌盗会斗"的新闻 3477 条。也就是说，有关治安问题的新闻占了全部新闻的 26.3%。从新闻标题也可看到盗劫问题的严重性与军政府的无奈。例如，关于顺德县的《到处皆闻缉捕声》《清乡自清乡，贼劫自贼劫》《顺德其终为盗乡乎》③，关于南海县的《赌匪视县长如无物》《匪徒视军队如无物》《李县长其如盗贼何？》，关于番禺县的《地方之患在纵盗》《明目张胆之白日劫案》《劫匪披猖》《盗贼世界》④。盗匪在乡村建立了自己的权势，公然像政府收税一样勒收"行水"（相当于保护费、买路钱），命令业户到指定地点缴交⑤。即使是大举清乡后，广东军政府对广州附近的乡村仍未能建立有效的控制。

《民生日报》的报道显示，辛亥革命高潮过后，广东的盗匪问题较之晚清更为严重。一则新闻甚至认为，全省盗匪有 40 万人之多⑥。盗匪的装备较之晚清更先进，不少盗匪拥有驳壳（毛瑟 C96 半自动手枪）、机枪等精利的武器。其时社会流传，装备特别精良的盗匪组织了一个所谓"驳壳会"，《民生日报》还以《驳壳会》为题发表了短评⑦，又报道过"驳壳会"打算抢劫兵工厂的新闻⑧。

---

① 《赌麻雀者杀无赦》，载《民生日报》1912 年 6 月 1 日。
② 《四月十一日省议会速记录》，载《民生日报》1913 年 4 月 17 日。
③ 《民生日报》1912 年 12 月 11 日、23 日，1913 年 1 月 6 日。
④ 《民生日报》1912 年 12 月 31 日，1913 年 1 月 11 日、3 月 1 日、14 日。
⑤ 《大张旗鼓收行水》《沙匪之脑满肠肥》，载《民生日报》1912 年 11 月 14、25 日。
⑥ 《囚犯之福音》，载《民生日报》1913 年 4 月 17 日。
⑦ 《驳壳会》，载《民生日报》1913 年 5 月 12 日。
⑧ 《驳壳会谋攻兵工厂》，载《民生日报》1913 年 6 月 2 日。

有一则报道说，东莞的盗匪用机枪扫射剿捕的军队，使其伤亡惨重①。民间械斗使用武器的规模足以令今人吃惊，报道花县一次械斗的新闻就提到双方"用大炮轰击"，广东军政府出动军队700人制止，收缴了数千支枪②。

社会动荡也影响了经济。《民生日报》的两篇报道——《广州商业之近况》（1912年6月7日）、《羊城市面之悲观》（1912年7月11日）生动地描绘了广州市面惨淡、商业衰落的情况。商人对军政府不能迅速稳定社会秩序、没能提供工商业发展的有利环境日渐不满，商人反对、抗议的言论时见报端。有人在《民生日报》慨叹，独立后的广东，"萑苻遍地，有翼难出生天；荆棘载途，插足几无净土"，"七十二行，行行亏折；三千万户，户户凄凉"③。到1913年春夏间，广州总商会、粤商自治会等广州商人团体都不支持革命党转而支持袁世凯。对此，《民生日报》也作了如实报道。但从报道中，我们也可体会到，商界要求革命党人在经历推翻清朝、建立共和的翻天覆地大变动后的几个月内就全面恢复秩序，并为经济发展创造光明前景，是完全不切实际的。

《民生日报》有关下层民众生活的深入报道不算很多，但也反映了工、农生活没有改善，甚至还不如清末的情况。一篇论说称："反正以来，百业凋敝，农工商之失业者，繁实有徒"④。一篇报道提到，仅佛山一地，失业而无以为生的手工业工人有数万，广州不少游民因为无业可就而流为盗匪⑤。至于农民，生活不仅没有得到改善，而且由于乡村地区盗匪横行，政府又恢复旧捐税、发行不兑现纸币、大举清乡，使农民深受其害。时人认为，"吾粤光复以来，

---

① 《东莞道滘贼匪已平》，载《民生日报》1912年7月24日。
② 《花县械斗之续报》《有枪数千无怪乎烂斗矣》，载《民生日报》1912年5月18、21日。
③ 《商民叫苦文》，载《民生日报》1912年7月18日。"三千万户"显系作者为符合对联格律的误用。
④ 《维持纸币以术得之》，载《民生日报》（广州）1912年7月15日。
⑤ 《警察厅布告》《工人失业之多》，载《民生日报》1912年6月10日、13日。

贫民生计，日形凋落；痛苦也，穷乏也，饥饿也，皆相因而至"①。因此，工农民众也不喜欢、不支持这个政权，革命党人当时不懂得也无法做到向工农宣传革命理念以寻找支持。有时，农民还站在盗匪一方同军队作战②。可见，革命党人其实是非常孤立无援的。

笔者不止一次阅读了《民生日报》的全部报页，连社会八卦新闻、文艺版、广告等有时也看得津津有味。读着读着，似乎产生了"穿越"回1912—1913年广东的感觉，从而对执掌广东军政府的革命党人有更多的理解与同情。今天，我们对他们无须溢美，也不应苛责。以当日的经济、社会、文化、政治环境，以及他们自身的政治、组织、军事力量，理论水平和执政经验，革命党人的错误和失败显然是无可避免的。但他们在孙中山领导下奋斗过，尽了力，今人也就应该给予他们肯定的评价。

五、《民生日报》对民生主义的宣传

1912年3月31日，孙中山于正式解职之前在中国同盟会的饯别会上发表演说，宣布解职后将致力于民生主义的实行。他以国内外的大势说明实行民生主义的必要性和可能性，解释民生主义最主要的内容是平均地权，而平均地权的具体实施步骤是更换地契、核定地价、照价纳税、涨价归公，保留国家照价购买的权力。在这个演说中他还谈到"一面图国家富强，一面当防资本家垄断之流弊"，主张"国家一切大实业，如铁道、电气、水道等事务皆归国有"③。这个演说实际上已包括民生主义的"平均地权"和"节制资本"两大宗旨。

孙中山希望在广东首先实行平均地权，他认为，"如果以此绝

---

① 《补助贫民生计之研究》，载《民生日报》1912年7月17日。
② 《乡人从匪拒捕》，载《民生日报》1912年11月12日。
③ 《在南京同盟会员饯别会的演说》，《孙中山全集》第2卷，第318－324页

大之建设，施行于广东，则其功比改革政体更远大"①。孙中山选择广东来实验平均地权是很自然的。因为核定地价、照价纳税等办法必须依靠政权的力量，而在广东执政的胡汉民等人，不仅在政治理念上接近孙中山，而且在《民报》时期曾是民生主义理论积极的捍卫者和宣传者。孙中山很重视报纸的作用，所以在回粤后三番五次找报界人士谈话，希望取得舆论的支持。《民生日报》在那个时间节点创办，显然是为了配合孙中山在广东首先实行平均地权的计划。

1912年5月4日，《民生日报》创刊，当期的《本报宣言》开宗明义："本报以民生主义为宗旨。"接着，宣言从世界大势的变化及中国历史、地理、社会状况及中国人的特性这几方面论证了"现今时局亟宜行民生主义""民生主义最适行于中国"。从1912年5月4日至7月31日，《民生日报》出版了74期②，共发表了宣传民生主义的"论说"18篇，而在"短评"和文艺作品中，也有不少宣传民生主义的内容。在辛亥革命时期，明确宣称以宣传民生主义为宗旨而创办的报刊，《民生日报》很可能是唯一的一家。

关于民生主义的理论和实施方法，孙中山在领导反清革命时作过阐释，胡汉民、朱执信、廖仲恺、冯自由等人也曾撰文作过更详细具体的论述。就整个体系而言，1912—1913年间孙中山对民生主义的宣传并没有提出多少新内容，《民生日报》基本上是依据孙中山说过的话进行论证和发挥。不过，因为《民生日报》是面向广东各阶层大众的报纸，所以，它对民生主义的宣传，仍有一些值得重视的特点。

第一，《民生日报》多次结合全国、广东省的情况进行论述，特别注意针对社会上对民生主义的疑虑作解释。

---

① 《在广州行辕对议员记者的演说》，《孙中山全集》第2卷，中华书局1986年版，第371页。
② 当时，广州的报纸在星期天不发行，公众节假日也停刊。5月16日因前一天公祭黄花岗、6月10日因前一天为端午节，均没有出版。

例如，当时被舆论推为"雄鸡一声"的陈仲伟的《平均地权论》（1912年5月4日—13日分几次连载），主要是针对种种非难民生主义的说法进行解释。因为作者在1910年到过北京，对清政府的典章制度沿革做过专门研究，所以，在回答"单税不足以供全国之支消费"的责难时，具体而详细地列举了清朝时期田赋、户口数字及各地地价、田租的数据，力图证明"孙中山先生所谓地租一项，将来可增至四十万万元者，非过言也"①。他的另一篇文章《中国之民生主义》（1912年5月29日—6月7日）主要是从中国的历史上找根据，借此说明民生主义适合中国的国情。在文章中，他把先秦时中国的阶级制度（现通常称等级制度）与西方国家进行比较，认为"其荦荦大端者，则宗法制度、家仆制度是也"。这在当时应是一种有见地的观点。《民生主义之主张》（1912年5月4日—6日）则申明，民生主义"非反对人民之富，乃反对富源在少数人之手，而社会不平之阶级也。苟能举土地及大资本归诸国有，则社会之富，聚于国家；国家之富，还于社会"。《均地权以宏资本论》（1912年5月26日）则劝导一般中小"资本家"不必对民生主义心存畏惧，说明民生主义"非夺其现有之资本也，所云恐怖者，惟已成立已操权之大资本家则然，若中下之资本家，得此而免大资本家之蚕食，正当乐就之不暇，又何恐怖之足云？"这是为消除广州一些商人的疑虑而作出的解释。

《民生日报》还利用短评、新闻宣传孙中山的理论。如短评《长堤地价之飞涨》（1912年10月24日）差不多等于为孙中山的演讲作注解；一则《顺德民生近况》的新闻（1912年5月24日）报道了由于"殷富挟资逃港"，影响顺德经济的消息，记者最后作出结论："所谓资本聚于少数人，民生不能发达，观此益信矣！"

第二，《民生日报》往往站在革命党的立场上，敦促广东军政府制定和实行符合民生主义原则的政策，并为解决当时广东的社会

---

① 《孙中山全集》第2卷，第357页。

问题提出一些建议与方案。

1912年5月15日是黄花岗起义周年纪念日（当时按照农历月日计），《民生日报》的论说《去年之今日》说，即使民权得到巩固，"而民生主义未之能行，则十数年后，政治之专制方除，社会之专制又起，吾人不惟无以竟先烈之功，抑亦无以成先烈之志"。在此前后，又发表了《论治粤政策亟宜维持人民生计》（1912年5月9日）、《厚民生为当今第一义》（1912年8月31日—9月5日）等论说，反复强调在广东实行民生主义的必要性，希望当局对此问题"有急进之心，无稍缓之意"。《民生日报》在很多论说和评论中都指出，要使广东安定，必须按民生主义原则使贫苦百姓生活有所改善，光靠严刑峻法不能解决问题。

1912年6月初，在孙中山的大力提倡下，广东都督胡汉民向临时省议会提出"地税换契"案。此后一个多月，临时省议会就此案展开激烈的讨论，争论的重点集中在换契是否应再收费以及收费标准的问题上。《民生日报》发表的《换契与民生主义之关系》（1912年6月24日）说："孙中山先生返粤之日，车尘未拭，即注重此着之提倡，可谓得其要领。而近观吾粤政府与省会所议之换契案，若有未甚注意于此点，其用意所在，则以是为筹款之一法，得毋与孙中山先生之意趣，犹有一间之未达乎？"该文热诚地希望广东军政府不要仅抽收换契税金就止步，而应该进一步调查全省的土地状况，为真正推行孙中山的平均地权做准备。后来，广东军政府计划首先在广州改良街市，《民生日报》又撰文提醒当局须预防土地垄断在少数人之手，希望政府提高地价，限制富人多购①。

第三，《民生日报》表现出对劳苦大众的同情，希望改善他们的处境，并试图向工农群体宣传民生主义。

《民生日报》1912年7月9日的"喜怒哀乐"栏中有一段话说："民国成立，便应享有食平米的权利，今反要食贵米，我决不

---

① 《改良街市与民生主义》，载《民生日报》1913年3月13日。

公认！"一些文章也谈到了"食平（便宜）米"的问题。多年以后，孙中山谈道，广东普通人民说的"革命成功，我们大家有平米吃"，正表明了人民对民生主义的欢迎①。这一句话，反映了当日广东人民这一强烈愿望予孙中山很深的印象。《民生日报》十分关心劳苦大众的生活问题，1912 年 7 月 17 日—18 日连载的《补助贫民生计之研究》，对平民百姓生计艰难深感焦虑，指出"生产机关，悉归外人掌握"是人民贫苦的根本原因，"人口则岁有增加"也加深了贫困。作者要求对"劳动者"应"扶之植之，扩而充之"。"扶植"之法，"在予劳动者以自由而已"；否则，出现劳资冲突，对资本家和劳动者双方都不利。"扩充"之法，"道在亟兴实业而已"。1912 年 11 月 8 日，为纪念广东光复周年而刊出的《光复纪念中之民生希望》，强调防止因大地主、大资本家对工农的压迫而引起的"经济革命"，希望"农也工也，惟求其均而愈厚，厚而益均"。

《民生日报》的文章既描绘了消除贫富悬殊现象和大众生活富裕的前景，同时又依据民生主义的原则对改善工农当前的境遇提出了一些主张。1912 年 7 月 19 日的《今日宜提倡共动事业》则希望仿效英国推行"共动事业"（cooperative，即合作社）。作者认为："今吾国体初更，极端之社会主义适用与否，尚属未定问题，然得此制以仿行之，使劳动者可得自由，不受资本家之抑压，是亦民生主义之雏形也。"7 月 27 日刊出的《今日宜设社会的工厂以实行民生主义》，认为贫富悬殊、劳动者生计无着是广东盗贼遍地的根本原因，提出设立"社会的工厂"（似乎是产权在政府的公营工厂），让工人自己管理工厂事务，待还清政府所筹资金后，工厂则"渐次脱离政府之羁绊"，希望劳动者因而得到"自由"，"社会人类，权利必有均配之一日，民生主义，庶乎可达也"。

---

① 《在广州对国民党员的演说》，《孙中山全集》第 8 卷，中华书局 1986 年版，第 575 页。

《民生日报》在农民土地问题上还发表过零星的激进主张。研究过孙中山的学者都知道，孙中山一直在认真思考解决农民土地的问题，曾与章炳麟、梁启超等以中国历史上的田制为依据，讨论过"必能耕者而后授之田"的问题，但都只是在私下议论，在公开言论与政纲（如《中国同盟会革命方略》）都没说。因为如果要"授田"给农民，就必须先解决田从何来的问题。革命党人显然找不到可行的办法。由于担心把要争取的汉族官僚、士绅吓跑，也怕在这个问题上授保皇派攻击的把柄，因此革命党人在讲平均地权时只是注重城市土地，并一再申明并不是要"夺富人之田为己有"。孙中山和他的同志说的"地主"，主要指工商城市的土地所有者，与日后专指乡村中占有较多土地、依靠地租剥削为生的地主阶级不同①。然而，《民生日报》的一些言论突破了上述界限。陈仲伟在讨论古代田制时，曾引用清初王源（昆绳）的话，提及新政权可以通过"收田"的办法以使耕者有可能得到田地。"收田"有六个办法——清官地、辟旷土、收闲田、没贼产、献田、买田。尤其值得注意的是"没贼产"这一条，陈仲伟的具体解释是："凡贼臣、豪右，田连千百者没之。"含有没收前朝贵族、官吏和豪绅地主田地以备对无地农民授田的意思②。这是革命党人在与保皇派大论战时不敢承认、不敢面对且极力否认的主张。不过，陈仲伟并非掌握实权的人物，这篇文章也只是在讨论古人田制时说说而已，没有进一步论证。其他文章抨击豪绅、地主的文字不少，但基本都没有谈及没收他们土地分给农民的问题。

《民生日报》还试图以通俗的形式向社会各界宣传民生主义。《〈民生日报〉出世》（1912年5月4日）、《民生十劝》（1912年5月4日—6月1日）、《劝民生》等都是这样的作品。

---

① 邱捷的《"孙中山与农民问题"补论》[《中山大学学报》（社会科学版）2006年第6期]对此做过较详讨论。

② 参见凡夫《中国之民生主义（四续）》，载《民生日报》1912年6月7日。

《民生日报》还刊登了不少提倡振兴实业的文章。当孙中山在北京、上海等地宣传修筑铁路时，《民生日报》也发表了一些文章呼应。此外，如《提倡爱土主义以挽回外溢利权》一文（1912年6月11日）号召发动一个购买土货、抵制洋货的运动以及切实改良土货。《劝办土货大公司》一文（1913年3月3日—6日）指出中国当时"工业界之资财不及商界者远甚"的状况，主张"工商联络"，改良制造，"组织巨大的销售机关"。1912年六七月间，广东境内三江均发生水患，《民生日报》发表了几篇文章研讨防治办法，提倡在广东广植树木。有一篇文章警告说，如再不注意治理，"吾恐百年以后，珠江水患，更有甚于黄河者"。《民生日报》还有一个"实业丛编"专栏，但刊出的多为种植、畜牧方面的内容。

六、《民生日报》与社会主义

孙中山和他的战友曾多次宣称，民生主义和社会主义是同一个意思。同盟会在宣传民生主义时，虽然没有过多强调这是一种社会主义的主张，但孙中山及与他最接近的一些革命党人，对各种流派的社会主义都抱着友好的态度，《民生日报》也是如此。

《民生日报》刊登了不少介绍社会主义理论及国内外社会主义政党、团体活动的内容，如李煜瀛的《论社会主义答公武君》（1912年7月10日）、评论《社会主义之定义》（1912年9月3日、4日）等。对于中国社会党的活动，《民生日报》尤为关注。中国社会党宣布自己是社会主义政党，在其宗旨中规定了"拥护共和"与"专征地税、罢免一切税"等内容[①]，该党首领江亢虎曾向孙中山表示，民生主义、平均地权的主张与中国社会党宗旨相同[②]。因

[①] 转引自林代昭、潘国华编：《马克思主义在中国——从影响的传入到传播》（上），清华大学出版社1983年版，第306-308页。

[②] 《大总统与社会党（二）》，载《民立报》1912年1月2日。

此，《民生日报》把中国社会党引为同道，经常在报上刊登江亢虎的讲话、活动的消息，还以广告形式登出中国社会党在各地的支部。当中国社会党受到查禁时，《民生日报》便仗义执言，大声疾呼。谭延闿在湖南用武力解散社会党，《民生日报》发表《讨谭延闿》的评论（1912年6月4日）以表示愤慨。《民生日报》创办之初对黎元洪颇有佳评，但对于黎元洪在湖北禁止社会党活动，《民生日报》的评论说："社会主义潮流澎湃天地，几有不可遏折之势。黎元洪乃从而禁之，抑已过矣！"① 后来，黎元洪下令捉拿江亢虎，《民生日报》的评论斥之为"丧心病狂"，并愤慨地说："使民生主义不得行于中国，黎元洪者，其民生主义之障碍物欤！"②

《民生日报》还连载了陈振飞译的《共产党宣言》的第一部分，标题作《绅士与平民阶级之争斗》（1912年9月20日—10月24日，分7次刊出），这是《共产党宣言》第一部分的比较完全的译本。这篇译文，在马克思主义传入中国的历史上，是值得一提的一件事，对此，后文将做详细论述。

《民生日报》还刊登了一些同情、赞扬无政府主义的文章。当时中国自认为社会主义者的人，不少带有无政府主义的倾向。例如，《民生日报》1912年7月18日刊出的短评《心社》，就对这个无政府主义者的团体倍加赞扬。同年8月13日刊出的《无政府辨》说："盖无政府主义，于今日之社会为破坏强权；于来日社会，为防止强权之更生，即保护个人自由也。共产主义，于今日社会，为抵抗资本家，于来日之社会，为取全球之富源，置诸公共，则人生之享受平等矣！……今昔革命党之怀抱，不外乎此……自由即无政府也，平等即共产也。"在作者看来，无政府主义、共产主义与革命党的宗旨是相通的。到了后期，《民生日报》赞扬无政府主义的言论越来越多，这可能与该报编辑对全国特别是广东的情势越来越

---

① 《黎元洪禁社会党演说》，载《民生日报》1912年7月11日。
② 达：《社会党亦得罪黎元洪耶》，载《民生日报》1912年8月27日。

失望有关系。1913年初刊出的《对于西班牙暗杀案之感言》（1月17日—22日），极力为无政府主义辩护，认为"总之，民知愈进，公理愈明，无政府之主义，愈充实而美满。逆乎此者，虽以释迦、基督为之帝，孔丘、墨翟为之总统，而利剑、炸弹，亦终无所逃避耳"。

无政府主义的影响，也反映在该报后期对民生主义的宣传上。1913年1月13日刊出的《最高度之民生主义》认为，实行民生主义可以防止富民对平民的经济压迫，但"欲发达完全之人权"就要实行所谓"最高度之民生主义"，即"取生产机关于资本家之手，还而公诸大众而已"，这种主张比孙中山的平均地权、节制资本的主张激烈得多。该文还说："政治家恃资本家为生活，资本家倚政治家为保障，互相利用，固结莫解，有排资本家乎，必先剪灭政治家始，若是未易言也！盖最高度之民生主义，解政治之缚，芟金钱之压力，而恢复完全人权者也。"这已完全是无政府主义的论调，与孙中山所提倡的民生主义大不相同了。

实际上，《民生日报》并没有坚持创刊时宣布的"以民生主义为宗旨"。在孙中山离开广东后，广东军政府被社会治安问题、财政问题弄得焦头烂额，实行民生主义的试验并没有进行下去，换契税的征收完全成了一项增加财政收入的措施。而《民生日报》也慢慢失去了创办时热情宣传民生主义那种生动活泼的特色，只是继续站在革命党立场上维护民主共和的原则。不过，孙中山在民国初年对民生主义的宣传，在历史上自有其积极的意义，《民生日报》为配合孙中山的宣传所作的努力，也是应该予以充分肯定的。

[本文系在邱捷的《〈民生日报〉及其对民生主义的宣传》（中山大学学报编辑部：《孙中山研究论丛》第8集，1991年）一文的基础上改写而成。]

《民生日报》刊载的《共产党宣言》译文

邱 捷

1912年，广州的《民生日报》以《绅士与平民阶级之争斗》为题刊载了《共产党宣言》第一部分的译文。对这一在辛亥革命史、社会主义学说传播史上有重要价值的文献，学术界迄今少有关注。本文拟对这个译本做介绍，并结合民国初年广东的社会状况做一些初步的分析。

一、《民生日报》与"社会主义"

1912年广州的《民生日报》分7次连载刊出署名陈振飞的"译论"——《绅士与平民阶级之争斗》，这篇"译论"是《共产党宣言》第一部分（今天中译本的标题是"资产者和无产者"）的全译本。

《民生日报》创刊于1912年5月4日，1913年11月10日被龙济光封禁，发行时间不长，新闻内容较偏重于广东本地（除了有关民生主义、社会主义的文章以外）。而且，据笔者所知，该报目前只有中山大学图书馆保存了一套（缺1913年2月全月），几成海内孤本（20世纪90年代广东省立中山图书馆把中山大学图书馆收藏的《民生日报》拍照制作成缩微胶卷），所以，研究近代报刊史的学者对这份报纸甚少注意。

《民生日报》的"发行人"为陈德芸，是否为同盟会员不详；而该报"编辑人"陈仲伟则是同盟会员，于清光绪乙巳九月初一

（1905年9月29日）与胡汉民、廖仲恺同日加入①。二陈均为广东新会县外海人，是陈少白的族侄。

《民生日报》虽在政治上坚定地站在革命党人一边，被龙济光视为"乱党之机关报"，但陈德芸、陈仲伟没有在同盟会－国民党及其政权中担任过重要职务，该报后期对广东都督胡汉民还有颇为尖锐的批评。笔者不清楚《民生日报》是否得到广东军政府的补贴，但它的发行情况应该不错，1912年8月12日起由8版增加到12版，广告一直占1/3左右的版面，且"二次革命"失败后仍继续出版了3个月，直至被封。据此可以认为，《民生日报》是一些同盟会员创办的商业化经营的报纸，未必是广东军政府或同盟会－国民党的机关报。

关于《民生日报》，本人20年前在一篇文章中做过介绍②，这里只着重讨论其与社会主义的关系，以说明其刊登《共产党宣言》第一部分译文的背景。

《民生日报》创办于孙中山回广东之后不久。当时，孙中山大力宣传民生主义，《民生日报》也宣称"本报以民生主义为宗旨"③。众所周知，孙中山本人一再把民生主义称为社会主义，《民生日报》也是站在民生主义的立场上介绍社会主义的。但《民生日报》的言论有时也会偏离《中国同盟会革命方略》，甚至偏离孙中山本人的论著。我们很难把《民生日报》宣传民生主义和介绍社会主义的内容做出区分。

《民生日报》有关社会主义的文章主要刊登在创刊后的前5个月，《绅士与平民阶级之争斗》是《民生日报》介绍社会主义最耀眼的亮点，此后，无论关于民生主义还是社会主义的文章，在该报

---

① 《同盟会成立初期（乙巳丙午两年）之会员名册》，见罗家伦主编《革命文献》第2辑，第55页。

② 邱捷：《〈民生日报〉及其对民生主义的宣传》，见中山大学学报编辑部《孙中山研究论丛》第8集，1991年。

③ 《本报宣言》，载《民生日报》1912年5月4日。

都不多见了。

《民生日报》对国内甚至国外的社会主义运动相当关注。在该报出版第一天刊登的17条"京省新闻"（广东以外的国内新闻）中，就有3则是有关社会党、工党的：《工党亦知办报》《社会党员救济贫民》《江君亢虎致袁总统书》。该报不甚关注国际新闻，但用很大篇幅介绍了德国社会党选举取得胜利的消息①。

社会党在广东也有组织，据报道，其在广州、梅州、汕头等地设有"事务所"②。但《民生日报》同人应该不是社会党成员，该报也很少刊登有关广东社会党组织活动的报道。

在广东省外，社会党的活动陆续受到查禁。1912年6月，湖南都督谭延闿以兵力封禁社会党，《民生日报》不仅刊登了社会党等党派团体的抗议电报③，还发表评论说："呜呼延闿，直一书呆耳，其不知社会主义，本无足责，所痛恨者，集社自由权今竟为之破坏耳，厥罪可胜诛哉！"④ 7月，黎元洪在湖北也命令军政官员"如遇有假社会党名目，开会演讲均产主义者，务须严为禁止，勒令解散，倘抗不遵，即行拿获讯办"⑤。《民生日报》报道有关消息后评论说："社会主义之潮流澎湃天地，几有不可遏抑之势，黎元洪乃从而禁之，抑已过矣！"⑥ 对黎元洪下令捉拿江亢虎一事，斥其为"丧心病狂"，评论说："使民生主义不得行于中国，黎元洪者，其民生主义之障碍物欤！"⑦

11月，袁世凯称"纯粹社会党，即无政府党，实破坏大局"，电各省都督严禁。《民生日报》评论说："噫！袁世凯未知社会主

---

① 祝平译：《德国社会党之胜利》，连载于《民生日报》1912年5月23日、24日。
② 《中国社会党各部事务所地址表》，载《民生日报》1912年5月20日。
③ 《军队解散社会党（湖南）》《还我自由来》，载《民生日报》1912年6月3日。
④ 顽：《讨谭延闿》，载《民生日报》1912年6月4日。
⑤ 《黎副总统欲禁社会党耶》，载《民生日报》1912年7月9日。
⑥ 《黎元洪禁社会党演说》，载《民生日报》1912年7月11日。
⑦ 达：《社会党亦得罪黎元洪耶》，载《民生日报》1912年8月27日。

义之真相耳，社会党岂可禁耶？原社会主义，即孙中山民生主义……如今日万国和平会，即社会主义之见端也。至若中国，今日尚在鼓吹时代，政府养成之不暇，乃以为破坏大局而严禁之，过矣！"①

但查禁社会党的风潮很快波及广东。12月，北京政府内务部根据大总统谕，咨会广东都督胡汉民查禁"实行共产、实行铲除强权、预备世界大革命"之"纯粹社会党"，广东警察厅遵照都督命令实行查禁，称："查此等社会党，最足扰乱秩序，灭绝人伦，自应严行查禁，以杜乱兆而挽浇风。"命令各区警察"倘查有此种会社如心社等等，即当切实干涉，立饬解散"②。广东的革命党人其时正被财政、金融、治安等问题弄得焦头烂额，对任何鼓动人心的宣传和主张激进的组织都怀有戒心，胡汉民、朱执信等人掌权时的立场，与他们当革命宣传家时的并不一样。我们不知道《民生日报》是否受到压力或警告，但此后该报有关社会主义的言论大大减少了。

二、《绅士与平民阶级之争斗》译文分析

对于把《共产党宣言》第一部分译成中文的陈振飞，笔者迄今对其生平仍一无所知③。他在《民生日报》上还发表过两篇有关社会主义的"译件"：《社会主义之定义》（1912年9月3日、4日）与《万国社会党大会史略》（1912年9月6日、11日）④。其中，

---

① 达：《严禁社会党之无谓》，载《民生日报》1912年11月30日。
② 《呜呼哀哉心社，哀莫大于心死》，载《民生日报》1912年12月9日。
③ 五邑大学刘进教授见告：江门市博物馆保存有一张1933年12月25日"欢送陈少白先生北游纪念"照片，与陈少白合照的有陈德芸、陈振飞等人（刘教授并把照片发来），于此看来，陈振飞与陈德芸、陈仲伟一样是新会外海陈氏族人。
④ 宋教仁于《民报》第5号刊登过《万国社会党大会略史》，陈振飞与宋教仁显然是依据同一底本翻译。陈译只有三部分："绪论""万国劳动者同盟""根市联合大会"，宋译的相应的部分为"述论""万国社会党大起源""干的联合大会"，但后面还有伦敦大会以及各次大会等很多内容。

《万国社会党大会史略》也提及"吗罗古斯《共产党宣言》"①。

《绅士与平民阶级之争斗》全文约4800字。从刊载的情况看，《绅士与平民阶级之争斗》是边翻译边刊登的。最初在9月20日、21日、23日三日不间断连载（9月22日是星期天，报纸不出版），然后在10月10日、17日、19日、24日分别续登。

把《绅士与平民阶级之争斗》与日本《平民新闻》第53号（明治卅七年十一月十三日，即1904年11月13日）的《共产党宣言》日文译本对照，即使不懂日文的人也可以看出两个译本的关联之处，因为陈振飞译本中的很多词语可以在《平民新闻》日译本的相应部分找到完全相同的汉字②。

本来，1908年《天义》杂志已刊登过署名"民鸣"的《共产党宣言》第一部分的中译文，当时的中国并无著作权意识，照抄照录是常事。但《民生日报》并没有把《天义》现成的译文拿来照登，而是由陈振飞另起炉灶。陈的译文总体看并不见得比《天义》的译文好。据此，笔者猜测，《民生日报》的主持者和陈振飞很可能没有读过《天义》的译文。

《绅士与平民阶级之争斗》为文白夹杂的语体文，当时外国的政治、经济、社会等学科的术语词汇中译名并没有约定俗成的规范，所以，很多词汇的翻译与今天差别很大。《民生日报》刊登的译文翻译的水平如何？我们不妨拿出一段，与《天义》刊登的译文、今天的译文相应部分三者比较一下。

《民生日报》刊登的陈振飞的译文：

> 资本家者，不断为生产机关之革命，从生产关系之革命，延及社会全体关系之革命，不然，则不能存在焉。反是而保存

---

① 陈振飞：《万国社会党大会史略》，载《民生日报》1912年9月6日。
② 中山大学外国语学院邱雅芬教授仔细比对陈振飞的译文与《平民新闻》的日译本，她认为，陈振飞是依据后者翻译的，陈译的前面部分相当准确，但后面部分则有些草率从事，有三段完全没有翻译。

生产的旧方法，一定不变，此为前代工业阶级存在之要件，而非所论于今日也。故生产不断革命，常搅乱一切社会之组织，不安煽动，互相继续，此为资本家时代与前代相异之特征也。果（古）老凝固冻结之诸关系，及与此相随之偏见，一操（扫）而空。而新式之事物，在其未确定于前，速为废物者，比比皆是。坚牢者皆散而为气化，神圣者下降为亵渎，故人遂不得不用其冷酷无情之心，而对于自己之境遇及同类之关系焉。①

《天义》刊登的民鸣的译文的相应部分：

绅士阀者，非生产机关及关系屡生变迁，以促社会全体关系之变化，则不能存在。至于保存生产旧方法，使之一成不易，则为前代工业阶级存在之要件。故绅士阀时代，其生产变迁，必相继不已也，而一切社会组织，均亦纷乱杂淆，时呈煽动及不安之态，此其与前代一切社会迥殊者也。然古来坚固之组织，旁及歧说陈言，均扫除廓清。虽新式各事物，亦或甫创而旋陨。坚固者既受摧残，神圣者亦遭亵视。由是人民处此社会，对于已遇及社交，均漠然寡情，而民德亦趋于凉薄。②

今天的译文相应部分：

资产阶级除非对生产工具，从而对生产关系，从而对全部社会关系不断地进行革命，否则就不能生存下去。反之，原封不动地保持旧的生产方式，却是过去的一切工业阶级生存的首

---

① 陈振飞译：《绅士与平民阶级之争斗》，载《民生日报》1912年10月10日。
② 民鸣译：《共产党宣言》，第6—7页，《天义》第16、17、18、19四册合刊，1908年春季增订本。

要条件。生产的不断变革,一切社会状况不停的动荡,永远的不安定和变动,这就是资产阶级时代不同于过去一切时代的地方。一切固定的僵化的关系以及与之相适应的素被尊崇的观念和见解都被消除了,一切新形成的关系等不到固定下来就陈旧了。一切等级的和固定的东西都烟消云散了,一切神圣的东西都被亵渎了。人们终于不得不用冷静的眼光来看他们的生活地位、他们的相互关系。①

于此看来,陈振飞的译文更准确,而民鸣的译文则较为典雅畅顺。《天义》有刘师培这样精通传统文化的杰出学者参与,且刘师培还为民鸣的译文作了序和若干注释,文字上较胜一筹自在情理之中。

下面我们再看《民生日报》刊登的陈振飞的两段译文:

自封建社会之废墟以来,当代绅士之社会,亦非除却阶级的争斗者,不过立新阶级与压制之新手段并争斗之新形式,以代旧物而已。

然此阶级之争斗,极其单纯,是即资本家时代之特征也。今之社会,全体割裂,恰如两个相对之大敌,直接对垒,而现二大阶级。其所谓阶级者何哉?曰绅士、曰平民是也。②

今天的译文相应部分:

从封建社会的灭亡中产生出来的现代资产阶级社会并没有消灭阶级对立。它只是用新的阶级、新的压迫条件、新的斗争

---

① 马克思、恩格斯著,中共中央马克思恩格斯列宁斯大林著作编译局编译:《马克思恩格斯选集》第1卷,人民出版社1995年版,第275、273页。
② 陈振飞译:《绅士与平民阶级之争斗》,载《民生日报》1912年9月20日。

形式代替了旧的。

但是，我们的时代，资产阶级时代，却有一个特点：它使阶级对立简单化了。整个社会日益分裂成两大敌对的阵营，分裂为两大相互直接对立的阶级：资产阶级和无产阶级。①

与今天的译文比较，对于"资产阶级"一词，陈振飞有时将其翻译成"绅士"，有时翻译成"资本家"。译本的标题也是把"资产者和无产者"翻译成"绅士与平民阶级之争斗"。

把"资产阶级"翻译成"绅士"，首先是日译本原来的译法。《平民新闻》第53号刊登的《共产党宣言》日译本的第一部分就是"绅士と平民"。《天义》刊出民鸣的译本，第一部分的标题也是"绅士与平民"，在译文第一句"自古以来，一切社会之历史均阶级斗争之历史也"后面即附上恩格斯的一个注释："绅士云者，即近世资本阶级握社会生产机关、以赁银雇用劳民者也。"② 《天义》刊登的民鸣的译本，基本上都将"资产阶级"翻译为"绅士阀"。如果说，民鸣的译本把 bourgeoisie 与 bourgeois 翻译成"绅士阀"与"绅士"是完全依据日文译法的话，那么，陈振飞的译本有时把 bourgeoisie 与 bourgeois 翻译成"绅士"，并把这一译法用于标题，则有进一步讨论的余地。

三、如何理解陈振飞把 bourgeoisie 译成"绅士"

《平民新闻》第53号刊登的《共产党宣言》日译本的第一部分（"绅士と平民"）附有译者的注释，说明选用"绅士""平民"为译名的原因。译者云：

---

① 马克思、恩格斯：《马克思恩格斯选集》第1卷，第275、273页。
② 民鸣译：《共产党宣言》，第2页，《天义》第16、17、18、19 四册合刊，1908年春季增订本。

"绅士"的原文是 bourgeoisie，有时译成"富豪"、有时译成"豪族"，又多译成"资本家"。但我经过多方推敲后，暂且把它译成"绅士"。虽然"绅士"原指君子，但是按日本近来绅士绅商之类用法，用于称呼一般上流社会上的自私庸俗者是很合适的。然而，有时候或译成"市民"，或译成"绅商"。"平民"的原文是 proletarian，也可译成劳动者。①

笔者对日本社会史完全没有研究，无法判断日本译者把源自法文的 bourgeoisie 与 bourgeois 翻译成"绅士阀"或"绅士"是否恰当，但在当时的中国，这样翻译显然是有问题的。在晚清的中国，"绅士"或"士绅"指的是有功名、职衔的人（一般不在实缺任上），他们的功名职衔或由科举得来，或由恩荫、貤封、军功、保举、捐纳等途径得来。对此，官员和士大夫都必然有准确的认知；即使是贩夫走卒，尽管未必一定清楚"绅士"的界定，但对什么人属于"绅士"也大体明白。因为"绅士"是太常用、与一般人关系太密切的词语，所以，要改变其含义或外加其他含义就很困难。②也许是因为中文"绅士"这个词的含义太确定了，所以，无论是《天义》还是《民生日报》的译文，在沿用日译文这个译法时，也是拿不准的。《天义》刊登的译文，"资产阶级"基本上都翻译为"绅士阀"，但刘师培在译文之后加了一个按语："案：'绅士阀'英语为 bourgeoisie，含有资本阶级、富豪阶级、上流及权力阶级诸意。'绅士'英语为 bourgeois，亦与相同。然此等绅士，系指中级

---

① 《共产党宣言》第一部分"绅士と平民"后面之注释，《平民新闻》第53号（明治卅七年十一月十三日），第5页。这段注释由日本大阪大学青年学者宫内肇为笔者译为中文，中山大学外语学院邱雅芬教授对他的译文作了修改润色。

② 笔者请教过程美宝教授、刘家峰教授，大家在讨论中都认为，bourgeoisie 与 bourgeois 这两个来自法文的词汇，当时在中国肯定很少人知道。刘家峰教授见告：他查阅过的晚清出版的英汉字典，没有收录 bourgeoisie 与 bourgeois，而在供外国人学汉语的几种汉英字典中，"绅士"条的释义是 literati、graduates、officials、gentry 等等，没有解释为 bourgeoisie、bourgeois 的。

市民之进为资本家者言,与贵族不同,犹中国俗语所谓老爷,不尽官吏言也。"① 然而,这个按语很难说是严谨的。

陈振飞的《绅士与平民阶级之争斗》,尽管标题把 bourgeoisie 译成"绅士",但内文译成"资本家"的却有 38 处,译成"绅士"的只有 13 处,查对《平民新闻》第 53 号日译本相应部分的文字,基本都是"绅士阀"。下面再把陈振飞翻译的《万国社会党大会史略》与宋教仁在《民报》第 5 号刊登的《万国社会党大会略史叙论》的各两段作比较:

宋教仁的译文是:

> 世界者,人类共有之世界也。现世界之人类,统计不下十五万万,然区别之,得形成为二大阶级:掠夺阶级与被掠夺阶级是矣。换言之,即富绅 Bourgeois 与平民 Proletaruns 之二种也。……
>
> 阶级斗争之幕既开矣,旗鼓堂堂,为执戈立矛,而进于两阵之间。然富绅者,有政府、警察、军队、学人、僧侣等为之援助者也,平民军之阵势,其将何如乎?"彼等徒蚁集耳,徒高声叫唤耳",其果如所云云焉否耶?②

陈振飞对应部分的译文是:

> ……抚全世界,使世界十五亿之人类,将别为二大阶级焉。夫阶级者何?掠夺阶级与被掠夺阶级。之二者,质言之,即资本与平民是也。……

---

① 民鸣译:《共产党宣言》,第 19 页,《天义》第 16、17、18、19 四册合刊,1908 年春季增订本。朱执信认为,日本人把 bourgeois 翻译成"资本家"或"绅士阀"、把 proletalians 翻译成"平民"均不合适,他把这两个词译为"豪右"与"细民"。见广东省哲学社会科学研究所、历史研究室编《朱执信集》(上),中华书局 1979 年版,第 60 页。

② 陈旭麓主编:《宋教仁集》上册,中华书局 1981 年版,第 40 页。

开阶级争斗之幕,堂堂旗鼓,两阵执矛以进。然试观平民军对于率政府、警察、军队、学者、宗教、新闻的资本家,其立阵如何乎?绝无所恃也。只如蚁集,徒高声叫唤而已。①

宋、陈的两段译文意思基本相同,但宋译的两处"富绅",陈译均作"资本家"(陈译第一段作"资本",漏一"家"字,当系手民之误)。

这样看来,陈振飞其实已经意识到,把 bourgeois 翻译成"资本家"比翻译成"绅士"或"富绅"更恰当,尽管时人对"资本家"一词的理解与今人不尽相同(往往广义地理解为"有资本者"或"富人")。为何他明知把 bourgeoisie 与 bourgeois 译成"绅士"并不恰当,但仍然这样译?这就有必要对当日中国"资本家"与"绅士"的状况做些分析。

众所周知,《共产党宣言》第一部分的"资产者",主要是指大工业时代的资产阶级(尽管对资产阶级形成的历史也有所追述),然而,当日的中国产业资本的情况如何呢?据 1912 年农商部的统计,全国共有工厂 21605 家,工人 662264 人,其中广东有工厂 2426 家,工人 78653 人。而在上述工厂中,使用机器为动力的工厂只有 363 家,所有机器的总功率为 24544 马力,其中广东有使用机器的工厂有 136 家,机器的总功率为 4566 马力。② 据此可以计算出,列入统计的工厂平均每厂机器的功率才 67.6 马力;使用机器工厂数最多的广东,平均每厂机器的功率只有 33.6 马力。20 世纪 90 年代,杜恂诚对近代中国资本额较大(工矿、航运业资本额 1 万元以上、新式金融业 5 万元以上)的新式企业做过更为详细的统计。根据他的统计,晚清(1912 年前)全国的 37 个行业共创办了

---

① 陈振飞:《万国社会党大会史略》,载《民生日报》1912 年 9 月 6 日。
② 农商部总务厅统计科编:《中华民国元年第一次农商统计表》"工厂"表,1914 年刊行,第 4–21 页。

工厂 744 家，电灯、自来水等公用事业企业 62 家，建筑公司 6 家，煤矿和金属矿冶企业 145 家，新式银行、保险等金融业 46 家①。杜恂诚统计的是历年创办的近代企业，其中部分企业并没有经营到清末。考虑到种种因素，我们可以肯定，直到清朝灭亡，全国规模较大、使用机器的近代企业也不过数百家而已。在一个面积一千多万平方千米、人口四亿的大国，投资经营区区几百家近代企业的人，是否足以构成一个产业资产阶级？当然，我们谈到晚清的资产阶级，通常会把商人考虑进去，但这是一个相当复杂、不容易讲清楚的问题②。尽管在手工业工场、商店、官营企业等肯定有劳资矛盾，其中一些企业或行业也许会相当尖锐，但毕竟并非《共产党宣言》第一部分所论述的近代资产阶级与无产阶级的矛盾和斗争。当日的中国，资本主义仅处于初步发展阶段，产业资本家和产业工人的矛盾，在社会上并没有很大影响。孙中山尽管未必掌握当时中国产业资本的确切数据，但从生活实践中得到的结论是"中国文明未进步，工商未发达"，"资本家未出"③。他提出民生主义，主观原因是他看到欧美各国资本主义发展导致贫富悬殊、阶级冲突激烈，希望能够在中国"防患于未然"。

然而，在当日的中国，绅士的人数要比投资经营近代工矿企业的"资本家"多得多。张仲礼曾根据学额估算出太平天国后全国生员及生员出身的绅士有 910597 人，另有捐纳的监生 533303 人，两

---

① 据杜恂诚《历年所设本国民用工矿、航运及新式金融企业一览表（1840—1927年）》统计，见杜恂诚《民族资本主义与旧中国政府（1840—1937）》，上海社会科学院出版社 1991 年版，第 286–528 页。

② 中国内地学者对这个问题进行了几十年的研究和讨论。其中华中师范大学的学术团队取得了令人瞩目的进展。其代表性成果有章开沅、马敏、朱英主编的《中国近代民族资产阶级研究》（华中师范大学出版社 2000 年版），马敏的《过渡形态：中国早期资产阶级构成之谜》（中国社会科学出版社 1994 年版），马敏的《官商之间：社会剧变中的近代绅商》（华中师范大学出版社 2003 年版），等等。

③ 《在南京同盟会员饯别会上的演说》，见《孙中山全集》第 2 卷，中华书局 1982 年版，第 319 页。

者共有 1443900 人①。张仲礼对异途绅士人数的估算应该远少于实际人数。但即使按照他的估算,全国绅士人数也有一百几十万人。然而,按照上引关于清末近代工矿企业的统计,投资经营这几百家企业的资本家,充其量也就是数百上千人而已。投资经营这些企业的人中或许有人具有绅士身份,但他们在整个绅士阶层中也只占极小比例。在现实生活中,官僚、富商、豪绅与广大平民百姓贫富悬殊的现象却十分严重。乡村贫苦农民缺乏土地,而绅士掌握乡村居民经济命脉甚至生杀大权,这是下层民众和革命党人都熟知和面对的现实。正因为如此,《民生日报》对资本家和绅士的言论是有很大区别的。

《民生主义》刊登过几篇关于劳资关系的文章。一篇文章说:"夫生产要素,土地、资本、劳动三者而已。今土地、资本,既半夺于外人,而劳动之力又有所未尽,则扶而植之,扩而充之,要亦事不容缓也。扶植之奈何?道在予劳动者以自由而已。"作者反对中国工人采用西方国家那样的罢工斗争方式,他认为:"夫罢工宁有益之事?不惟无益于资本家,而劳动者亦蒙其损害。然嗷嗷之氓,宁忍痛而为之,则其意亦大可哀矣!"他提出的办法是"亟兴实业",并呼吁资本家"起而图之"②。另一篇文章介绍英国等国的合作事业,提倡"以资本家制度而行社会主义",进而认为:"今吾国国体初更,极端之社会主义,适用与否,尚属未定问题。然得此制而仿行之,使劳动者可以自由,不受资本家之抑压,是亦民生主义之雏形也。"③ 还有一篇文章主张由政府设立"社会的工厂"解决劳动者的生计,有了这些"社会的工厂","则资本家不能为极端之专制,劳动者亦得以服适宜之劳动,且富者出资,贫者出

---

① 张仲礼:《中国绅士——关于其在 19 世纪中国社会中作用的研究》,上海社会科学院出版社 1991 年版,第 110 页。
② 一鸣:《补助贫民生计之研究(续)》,载《民生日报》1912 年 7 月 18 日。
③ 民:《今日宜提倡共动事业》,载《民生日报》1912 年 7 月 19 日。

力，各分其任，受相当之报酬，尤平等之极则也！"① 总的看来，这些文章并没有接受《共产党宣言》关于无产阶级与资产阶级阶级斗争的观点，更多是主张发展资本主义与劳资调和合作。

然而对于占有农村土地的"富人"，特别是农村的绅士，《民生日报》则持强烈的抨击态度。该报刊出的宣传民生主义的文学作品《劝世龙舟·民生十劝》，对资本家与工人关系讲得很平淡，但讲到乡村的贫富问题时措辞就相当激烈。《劝世龙舟·民生十劝》的第五劝是"劝下富家翁"，曲词说："……富者霸得良田万千垄，贫者立锥无地，只剩得两手空空。富者握住个财权，唔到贫者毓动。要你为奴为隶，亦要勉强依从。后至阶级愈分，财嘅势力又愈重。贫人耕作，富者就坐享成功。坐食者安享悠游，耕作者不免饿冻，想来此事，实在天理难容。"劝告富人"不可恃富欺贫，将人地作弄"，要切实依从民生主义，否则就不能指望永久太平②。第六劝的"劝农夫"有如下句子："故此富者，买埋天咁阔嘅田土；贫者想话耕锄食力，可叹尺地全无，监住要共佢批耕，来讲路数；情愿把租银奉献，都要搵的世界嚟捞。富者就把地权，垄断为圈套；我地农民无奈，就要做佢富家奴……佢坐食安居，为做米蠹；任得我地两餐唔足，子泣妻号……短衣缩食，都要顾住交租，想起番来，真正系唔公道……此事总因，全在地土，只为地权，全在佢的富豪操。想话把农业振兴，亦唔到你展布……想话把农业振兴，以边一件为首务？平均地权，乃系法理最高……然后农业可以自由谋进步，何限好。平均地权主义，算系农业界第一良图。"③ 歌词的内容，说的就是富人霸占了大部分农村土地，这是农民贫困的根

---

① 民：《今日宜设社会的工厂以实行民生主义》，载《民生日报》1912 年 7 月 27 日。
② 支离：《劝世龙舟·民生十劝·五续》，载《民生日报》1912 年 5 月 15 日。曲词中的粤语意思如下，毓：活动；嘅：的；人地：别人。
③ 支离：《劝世龙舟·民生十劝·六续》，载《民生日报》1912 年 5 月 18 日。曲词中的粤语意思如下，咁：这；监住要共佢批耕：被迫要帮他们犁地耕田；搵的世界嚟捞：找些办法谋生；我地：我们；佢：他；唔公道：不公道；唔到你：由不得你；边一件：哪一件。

本原因，这种富者愈富、贫者愈贫的状况是"天理难容"的事，因此必须改变。

广东光复后，同盟会掌权的广东军政府采取了压制和打击清朝绅士的政策，但在治理乡村社会的时候又不得不借助和启用部分旧绅士①。然而，《民生日报》始终对士绅持深恶痛绝的态度。1912年9月，香山县绅士郑干等以局绅名义就护沙警察事项具呈，警察厅长陈景华在其呈文上批示："此等劣棍，既以绅自居，显系自认前朝人物，不难附入图谋不轨之宗社党，岂能委任办事？"《民生日报》就此事发表短评说："亡清职衔，既已取消……绅棍不惟不可以授以事，直当剥削公权，免其侵害社会、点污民国可也。今此等绅棍，无地无之，以余所闻，霸占学田，武断乡曲，其罪状甚于郑干等多多矣，吾不知当道何以待之。"② 他们认定绅士阶层是共和民国的敌人，是社会改造的障碍，希望政府对绅士采取更为严厉的打击政策；他们宣传民生主义和社会主义，主观上是为了将来，显然在潜意识中也希望把新的思想武器用于同绅士的斗争中。所以，陈振飞翻译《共产党宣言》的时候，明知把 bourgeoisie 与 bourgeois 译成"绅士"并不确切，但也要用来做标题了。

四、陈振飞译文在辛亥革命史和社会主义学说在华传播史上的意义

所有《共产党宣言》的早期译本，在社会主义学说传播史上都很有价值。目前大家公认的《共产党宣言》第一个中文全译本是1920年出版的陈望道的译本。在此以前，人们注意到的只有1908年民鸣在《天义》刊登的《共产党宣言》第一部分的译本，对陈

---

① 参看邱捷《清末民初地方政府与社会控制——以广州地区为例的个案研究》，载《中山大学学报》（社会科学版）2001年第6期。
② 《不准劣绅称绅衿》《绅棍》，载《民生日报》1912年9月19日。

振飞的选译本，理论界、学术界迄今尚未予以注意。

陈振飞在《民生日报》发表的译文并非全译本，也不是《共产党宣言》第一部分最早的中译本。那么，它是否具有重要意义呢？答案应该是肯定的。

在19世纪末20世纪初，《万国公报》《民报》等刊物的文章曾介绍过《共产党宣言》的若干文句或段落，但都不是真正的译本。无政府主义者刊物《天义》所刊登的民鸣的译文，时间上早于陈振飞的译本，但《天义》在国外编辑发行，读者面不广。而陈振飞的译文是中国本土最早的《共产党宣言》选译本，它在一份日报上连载，面向各界群众，所产生的影响当然会更大些。译者陈振飞则是第一位真名实姓可考的把《共产党宣言》翻译成中文的中国人。

更重要的是，这一译本反映了资产阶级民主派在辛亥革命时期寻找救国真理的热情以及对马克思主义的友好态度。《民生日报》是同盟会员所办、宗旨为宣传孙中山的民生主义的报纸，因此，陈振飞的译文在这样的报纸刊出，就是一件特别值得重视的事。

目前，学术界一般把辛亥革命运动的上限定在兴中会建立（1894年），下限定在"二次革命"失败（1913年）。从世界范围看，这是民族解放运动、民主革命运动开始兴起的时期，也是以马克思主义为主导的社会主义运动不断发展的时期。中国革命民主派在进行推翻帝制、建立共和的革命斗争时，从西方资产阶级原有的思想武库学到了自由、平等、博爱的原则，三权分立的政治理论，共和国的国家政体，等等，并付诸实行。但他们从各种途径也了解到西方资本主义社会并非尽善尽美，西方的一切也并非完全适合中国。这时，正在兴起的社会主义运动引起了他们的注意。如饥似渴地寻求救国真理的民主革命派很快察觉到，这是新的思想武器。正因为如此，孙中山和他的一些亲密同志，成为中国介绍和传播马克思主义的先驱。

孙中山创立民生主义，其动因是受到欧美工人运动的刺激，也吸收了包括马克思主义在内的各种流派的社会主义思想。1903年12月17日，他在给朋友的信中说："所询社会主义，乃弟所极思不能须臾忘者。"① 可见，当时革命党人已经常讨论有关社会主义的问题，孙中山对此非常重视。1905年5月中旬，孙中山在比利时访问国际社会党执行局时谈论自己的纲领，他称自己为"中国社会主义者"，而孙中山也被第二国际执行局视作同志②。孙中山对社会主义的态度影响了很多革命党人，尤其是政治上最接近孙中山的一些粤籍革命党人，主要是朱执信、廖仲恺、胡汉民。

1906年，朱执信在《民报》第2号、第3号上发表了《德意志社会革命家列传》一文，介绍了马克思、恩格斯的生平和《共产党宣言》《资本论》的某些内容，其中把《共产党宣言》关于剥夺剥削阶级私有财产权和改造社会的十条措施都做了翻译。朱执信当年在《民报》第5号上发表的《论社会革命当与政治革命并行》一文中也提到马克思主义"世称科学的社会主义"。朱执信说，他之所以向中国读者介绍马克思等人的学说，其目的是要使这些学说"溥遍于吾国人士脑中，则庶几于社会革命犹有所资也"③。日后，毛泽东对朱执信介绍马克思主义的贡献评价甚高："朱执信是国民党员。这样看来，讲马克思主义倒还是国民党在先。不过以前在中国并没有人真正知道马克思主义的共产主义。"④

廖仲恺在《民报》第7、第9号先后发表了《社会主义史大纲》《无政府主义与社会主义》两文，都对马克思及其学说、活动有所介绍，前一篇文章在介绍了《共产党宣言》和"万国劳动者同盟"（第一国际）之后热情洋溢地说："入梦之夜已去，实行之

---

① 《复某友人函》，见《孙中山全集》第1卷，中华书局1981年版，第228页。
② 《访问国际社会党执行局的谈话报道》，见《孙中山全集》第1卷，中华书局1981年版，第272－273页。
③ 《朱执信集》（上集），第10页。
④ 《中国共产党第七次全国代表大会的工作方针》，见中共中央文献研究室编《毛泽东文集》第3卷，人民出版社1996年版，第290页。

日方来,革命之社会主义,遂如洪水时至,泛滥大陆。"① 胡汉民在《民报》第 12 期发表《告非难民生主义者》,阐述其"土地国有""大资本国有"主张时也提及马克思的《资本论》②。

在《民生日报》创办时,广东军政府的主要掌权人物如都督胡汉民、广阳绥靖处督办朱执信、财政司长廖仲恺等都是政治上最接近孙中山的革命党人,他们在民生主义的立场上与孙中山完全一致,都有不少对社会主义友善的言论,对马克思、《共产党宣言》也有所介绍和引用③。另一位广东军政府的实权派人物副都督陈炯明,后来同孙中山敌对,但当时在政治上是拥护孙中山的,与胡汉民、朱执信等人尚能合作共事。近日,有学者还提出,可以将陈炯明看作"另类的社会主义者"④。从陈炯明在五四运动后的一些言论来看,可知此说是有一定根据的⑤。在胡汉民重任粤督之初,孙中山回到家乡,大力宣传民生主义,号召把广东建设成一个模范省,革命党人与民众的革命热情一度重新高涨,在这样的氛围下,《民生日报》传播社会主义的言论,是有一定社会基础的。了解以上情况,我们对《民生日报》在 1912 年刊登《共产党宣言》的选译本就不难理解了。

《民生日报》连载《共产党宣言》译文时,孙中山于 10 月 14

---

① 廖仲恺等:《双清文集》上集,人民出版社 1985 年版,第 14 页。
② 转引自高军等主编《五四运动前马克思主义在中国的介绍与传播》,湖南人民出版社 1986 年版,第 277 页。
③ 中国内地一直有学者关注和研究这个问题,如萧超然《十九世纪末二十世纪初马克思主义在中国的传播》,载《北京大学学报》(哲学社会科学版)1983 年第 1 期;陶季邑《民主革命派与马克思主义学说在中国的传播》,载《暨南学报》1997 年第 3 期;侯建明《中国早期马克思主义研究》第一章第一节"十月革命前马克思主义在中国的早期介绍",吉林大学博士学位论文,2008 年。
④ 赵立人:《辛亥前后:陈炯明尽了最大努力》,载《南方都市报》2011 年 5 月 26 日 B16 – B17 版。
⑤ 陈炯明在《闽星》发表过一些同情社会主义学说的言论,也曾致函列宁,甚至在《致旅俄中国工人兄弟书》中表示希望"建立一崭新社会主义中国"。参看段云章、倪俊明编《陈炯明集》(增订本)上卷,中山大学出版社 2007 年版,第 386 – 390、399 – 402、442 – 443、445 等页。

日—16日在上海演说社会主义。孙中山在演讲中提到,"德国麦克司者出,苦心孤诣,研究资本问题,垂三十年之久,著为《资本论》一书,发阐真理,不遗余力,而无条理之学说,遂成为有统系之学理。研究社会主义者,咸知所本",后面还介绍了《资本论》的若干观点①。当年6月初,《新世界》杂志刊出朱执信译述、煮尘整理的《社会主义大家马儿克之学说》,这篇"译述"的内容很多与《德意志社会革命家列传》相近,但对《共产党宣言》观点的翻译则增加了一些新按语,一是对"禁私有土地而以一切地租充公共事业之用"(今天的译本是"剥夺地产,把地租用于国家支出")加的按语,实际上这是按照"平均地权"的立场去理解、阐释《共产党宣言》的主张;二是对关于金融、交运、国营工厂等三条内容加的按语,强调"凡银行、铁路、矿山、大工厂、大农场等,以土地归国有,废灭大地主及大资本家"②。这也不尽符合马克思、恩格斯的原意,更多是反映了孙中山的观点。朱执信的文章、陈振飞的译文与孙中山的演讲都涉及马克思主义的重要著作,在几个月内先后问世,或许是偶然相合,虽然《民生日报》未必会刻意配合孙中山的演讲与朱执信的文章,但这至少说明,《民生日报》在介绍、宣传马克思主义问题上同孙、朱是一致的。

当然,无论孙中山、朱执信还是陈振飞,对马克思学说都没有真正深入地了解,他们只是把马克思学说作为从外国寻来的思想武器中的一种而已,往往仍是站在中国资产阶级民主派的立场去理解和阐释他们所介绍的内容。然而,在当日的中国,这样做的进步意义是不言而喻的。

还有一点也值得注意,就是上述几位在辛亥革命时期热心介

---

① 《在上海中国社会党的演说》,见《孙中山全集》第2卷,第506—524页。
② 高军等主编:《五四运动前马克思主义在中国的介绍与传播》,湖南人民出版社1986年版,第302—303页。《社会主义大家马儿克之学说》在《新世界》刊出时署名为"势伸译述、煮尘重治",《五四运动前马克思主义在中国的介绍与传播》的编者注释:"'势伸'当为'蛰伸'之误,即朱执信。"

绍、翻译马克思著作的都是广东籍的革命党人。我们说广东是民主革命的策源地,通常想到的是辛亥革命运动和大革命运动。其实,近代得风气之先的广东,在传播、介绍马克思主义学说方面,也有很重要的贡献。但研究19世纪末20世纪初社会主义在华传播史的学者往往对广东注意不够①。陈振飞译文的发现可以在很大程度改变这种认识。事实证明,广东也是社会主义学说在华早期传播的重要地区之一,到五四运动和大革命运动时期,广东再次成为社会主义学说传播中心之一绝非偶然。

[本文刊于《中山大学学报》(社会科学版)2011年第6期。原标题为《1912年广州〈民生日报〉刊载的〈共产党宣言〉译文》。]

---

① 例如,李军林的《马克思主义在中国的早期传播:十年研究述评》(《河北学刊》2005年第6期)第四部分"关于马克思主义在中国各地区的早期传播",完全没有提及广东。

宣传民生主义的广东曲艺作品

邱 捷

《民生日报》开宗名言宣布以宣传民生主义为己任,发表了一系列的论说、短评、译文,包括《共产党宣言》的第一部分的中译本。此外,这份报纸还以广东曲艺宣传民生主义。

在1912年5月4日的创刊号的文艺版上,就发表了"班本"《第一出头·〈民生日报〉出世》,以粤剧短剧本的形式向读者介绍报纸的宗旨。该版还有"粤讴""龙舟"等栏目。特别值得重视的是"龙舟"栏目的《劝世龙舟·民生十劝》(1912年5月4日—6月1日分11次刊出),用粤曲龙舟的形式,分别向官吏、军人、乡绅、学界、富人、农夫、工界、行商、失业贫民、女界宣传民生主义,主题是呼吁各界合作,共同贯彻实行民生主义。

第一次刊登的标题是《劝世龙舟·民生十劝》,相当于"十劝"的纲目,主要内容是革命成功,清朝推翻,民国建立,"民族民权,都已偿夙愿;独有民生两个字,尚要大费周旋",所以,"待我暂把民生主义,个啲应为事,谱为歌曲,俾为世上箴规"。以后各次刊出的是"劝官场""劝军人""劝吓你的乡先生"(指在乡村管事的公局局绅)、"劝学界""劝吓富家翁""劝农夫""劝工界同人""劝行商""劝失业嘅平民""劝下女界娇英"。

第一劝"劝官场",要求官员明白自己公仆的身份,"尽力为治,保护百姓安康","切不可误认做官系求利嘅伎俩,以官为市,一味挂住贪赃。咁样做官实系惨过贼抢"。最后警告说,如果官员对抗民生主义,"我地定要提起三千毛瑟,轰毙个种恶劣官场"①。

第二劝"劝军人",指出"晓得以保护民生为主义,方算系合格军人"。

第五劝"劝吓富家翁",曲词说:"富者霸得良田万千垄;贫者立锥无地,只剩得两手空空。富者握住个财权,唔到贫者毓动。要你为奴为隶,亦要勉强依从。后至阶级愈分,财嘅势力又愈重。贫人耕作,富者就坐享成功。坐食者安享悠游,耕作者不免饿冻,想来此事,实在天理难容。"劝告富人"不可恃富欺贫,将人地作弄",要切实依从民生主义,否则就不能指望永久太平②。

第六劝"劝农夫"有如下的句子:"故此富者,买埋天咁阔嘅田土;贫者想话耕锄食力,可叹尺地全无,监住要共佢批耕,来讲路数;情愿把租银奉献,都要揾的世界嚟捞。富者就把地权垄断为圈套,我地农民无奈,就要做佢富家奴……佢坐食安居,为做米蠹;任得我地两餐唔足,子泣妻号……短衣缩食,都要顾住交租,想起番来,真正系唔公道……此事总因,全在地土;只为地权,全在佢的富豪操。想话把农业振兴,亦唔到你展布……想话把农业振兴,以边一件为首务?平均地权,乃系法理最高……然后农业可以自由谋进步,何限好。平均地权主义,算系农业界第一良图。"③

第七劝"劝工界同人",歌词说:"……讲起资本个层,令我真正肉紧;分明系我地工界嘅专制魔君……佢抓住资本财权,将我地箍到紧;工银以外,其余溢利,都被佢兜吞……世界如斯,点叫得公允?佢霸自个财权,不肯泄漏一文。日日捉住我地工界同胞,嚟做老衬……今日我地工界,若然思发愤。可把民生主义,细寻真

---

① 曲词中的粤语意思如下,嘅:的;挂住:念念不忘;咁样:这样;实系:确实是;我地:我们;个种:那种。
② 曲词中的粤语意思如下,唔到贫者毓动:不允许贫者活动;人地:别人。
③ 曲词中的粤语意思如下,买埋天咁阔嘅田土:买下天一样宽的田地;监住要共佢批耕,来讲路数:逼着要批租他的田,然后讲租额;揾的世界嚟捞:想些办法谋生;我地:我们;佢:他;唔:不;唔到你展布:由不得你展布;边一件:哪一件。

……《民生日报》确系有益你地工界诸君,列位不妨多看几份……"①

以往学术界有一种说法,认为在辛亥革命时期孙中山和他的同志在谈到民生主义、平均地权的时候只强调城市的土地,回避了农村和农民的土地问题,更不曾以土地问题去发动农民。但从目前所见的史料,可以断定,孙中山确实认真思考和讨论过解决农民土地的问题。冯自由说,孙中山19世纪末同章太炎、梁启超等讨论过中国未来的社会问题与土地问题,"如三代之井田,王莽之王田与禁奴,王安石之青苗,洪秀全之公仓,均在讨论之列"②。梁启超称,孙中山对他说过:"孙文尝与我言矣,曰今之耕者,率贡其所获之半于租主而未有已,农之所以困也。土地国有后,必能耕者而后授之田,直纳若干之租于国,而无复有一层地主朘削之,则农民可以大苏。"③(章太炎转述孙中山的意见是:"夫不稼者,不得有尺寸土。"④)这些,都是研究者非常熟悉的史料。不少学者注意到,孙中山和他的同志在辛亥革命时期,从讨论、关注农民如何获得土地,到一再公开申明并不是要"夺富人之田为己有",在政纲里完全不提农民和土地问题,是因为革命党人找不到解决的办法,而且害怕因此而把想要争取的汉族官僚、绅士吓跑,同时也怕在这个问题上授保皇派攻击的把柄;所以,革命党人在讲平均地权时偏重于城市土地,偏重于讲要"防患于未然",避免因工商发展引致地价上涨的利益落在少数人手中。孙中山和他的同志所说的"地主",主要指工商城市的土地所有者,与日后我们专指乡村中占有较多土地、依靠地租剥削为生的地主阶级不同。这些看法,自然都很有根据,但《民生日报》这些文艺作品,使我们对上述的看法得

---

① 曲词中的粤语意思如下,个层:这个问题;肉紧:特别关切、在意、焦虑;箍到紧:严密地控制住;兜吞:全部吞下;喇做老衬:来当冤大头。
② 冯自由:《革命逸史》第2集,中华书局1981年版,第144页。
③ 梁启超:《杂答某报》,载《新民丛报》第4年第14号。
④ 《与章太炎的谈话》,见《孙中山全集》第1卷,中华书局1981年版,第213页。

以做些补充。

孙中山和他的同志当然不会用马克思主义的地主—农民这种阶级对立理论去发动农民，但同盟会纲领"驱除鞑虏"，是没有文化的乡村居民也听得懂的语言，此外，反抗官吏、豪绅肯定也是宣传的内容。革命党人还以革命成功后经济生活改善的前景来发动农民。孙中山后来说，在辛亥革命时期，不少人说"革命成功，我们大家有平（便宜）米吃"，孙中山认为这句话可以作向群众宣传的材料①。因为珠三角地区大量农田改种经济作物，很多农民都籴米而食，乡村地区更有大量靠出卖劳力为生的人，所以，"食平米"也成为动员乡村下层居民的口号。如在顺德，革命党人便用"食平米都来当民军"作号召②。同盟会在乡村发动农民的方法五花八门，盗匪出身的同盟会员李福林曾记述自己与绿林首领陆领、谭义等在顺德龙江"唤起民众"的情况："头班名剧演出，四乡民众来观剧了。于是每日锣鼓开场前，在棚正中搭起演讲台，在演讲台演讲三民主义……又于是开始招收革命党徒，手续越简单愈妙，只要在盟约上签一个名字，或打下一个指模，就认为是新同志。几日之间，前来加盟成为新同志的共有几千人。"③

然而，在当日的中国，像欧美国家那种因工商发展引致地价上涨的利益落在少数人手中，并导致社会矛盾尖锐的情况只发生在少数大城市，对全国来说这是"未来"的事，现实中主要的问题还是农村和农民的土地问题。部分革命党人的确曾想过、甚至向农民做过平均地权的宣传，上述第五劝"劝吓富家翁"、第六劝"劝农夫"，就是如此。龙舟歌词的内容，说的就是富人霸占了大部分农村土地，这是农民贫困的根本原因，这种富者愈富、贫者愈贫的状

---

① 《孙中山全集》第8卷，中华书局1986年版，第575页。
② 中国人民政治协商会议广东委员会文史资料研究委员会编：《广东辛亥革命史料》，广东人民出版社1981年版，第249页。
③ 《李福林革命史料》，见杜元载主编《革命人物志》第12辑，台北中国国民党党史委员会编辑，1973年，第78页。

况是"天理难容"的事，因此必须改变。作者用粤语、用通俗口语讲民生主义，自然是为了适应向文化不高的农民宣传的需要，应该也考虑到对不识字的农民演唱的可能性。

这两段龙舟触及了农民—土地问题，但对如何解决，则只有几句不着边际的空话。作者希望通过劝导让农村的富人（即我们所说的大地主）为保证自己的平安不要做得太过分，要理解和支持民生主义。在当日的中国，这自然只是缺乏可行性的空想。作者对农民的号召，同样也很空洞。

另外一些曲艺作品也在一定程度上反映了部分激进革命党人对辛亥革命后社会现实的不满、忧虑和失望，他们希望通过宣传、实行民生主义改造社会、造福民众，以实现共和之幸福。1912年5月8日刊出的"南音"栏目《叹民生》曲词说："讵料胡运告终先已退位，民国旗飘五色辉。估话生计从今唔驶咁弊，唉！岂料葫芦依样，都系咁样子行为。今日现象如斯，真翳肺；满途荆棘，问你边处依栖！抢劫天天难以数计，做乜军队如林佢都敢乱嚟？江河梗塞交通滞，行商裹足叹道不如归。米似珍珠薪似桂，你话贫民觅食怎不悲啼！重有殷富之家还闭翳，掳人勒赎当作偷鸡。任尔产业虽多无所谓，银根短绌大局困危。市面萧条尤恶睇……商业坏到如斯，唔系事细；若唔整顿，讲乜拯救群黎？"①

1912年6月3日刊出的南音《劝民生》曲词提到，其时民族、民权主义已经达到，"唯有民生主义要提倡，许多实业要推广"，面对生计艰难、米珠薪桂的现状，"第一要把农业讲求"。后面写道："时逢初夏正分秧，手足胼胝劳苦万状，披星戴月早夜彷徨。几多功力正得禾花放，又恐蝗虫秭稗反为殃。肥料增加培土壤，荷锄秉耒委实狼忙。或遇风水不时兼及大旱，前功尽废汝话几咁心伤。呢

---

① 曲词中的粤语意思如下：唔驶咁弊：不会那么差；翳肺：焦心；边处：哪里；做乜：为什么；乱嚟：乱来；闭翳：忧虑；恶睇：难看、看不下去；唔系：不是；讲乜：说什么。

阵血本全亏无所望，卖儿卖女都要把租偿。想起个的农家真苦况，备尝雨雪与风霜。况且盗贼咁多唔肯见谅，勒收行水重紧要过纳钱粮。所以滨海一带围田成草莽，汪洋千顷尽抛荒。若不从速研究来保障，怕只怕农夫失业就会饿死当堂……"①

上面这首曲词同前面提到的"劝富家翁""劝农夫"龙舟一样，对农民表现出深切的同情。因为有孙中山民主革命思想的指导，所以，革命党人这些作品就同历史上士大夫的伤农、悯农作品有根本区别，带有鲜明的辛亥革命时代特征。

1912年6月4日"南音"栏目刊出的《劝民生（续）》反映了革命后服饰风俗的变化，以及作者对利权外溢的忧虑和振兴纺织业的主张。词为："记得旧年反正，个个话维新，大家同胞除去炮引，文明装束几咁精神。头上居然毡帽衬，试把这宗款项计算平均，件件都系外来洋货品，每人至少费用一块洋银。重有一层衣服尤要紧，不拘志士与民军，一样大褛天咁起粉，襟章悬挂白霍沙尘。许多款式乱纷纷，时兴花样竞铺陈。可惜我同胞唔发愤，快把工艺提倡要认真。实力改良生意稳阵，大开工厂正好养育游民。呢阵土货振兴财政不困，富强民国都系呢个原因。况且团体所关唔好咁笨，莫被外人欺负我地同群……"②

类似的宣传品目前在同盟会资料中尚甚少发现，因此，我们往常认为辛亥革命时期革命党人没有或很少向工农群众宣传民生主义。《民生日报》发表的这些通俗文艺作品，说明了同盟会在向工农群众宣传民生主义方面是做过努力的。革命党人同情工农的处境，也希望从工农那里得到理解与支持。但是，从各种资料看，工农群众并没有对这种努力做出热烈的反应。

《民生日报》这些广东曲艺作品有没有被演出？有没有在实际

---

① 曲词中的粤语意思如下，呢阵：这时；当堂：当场。
② 曲词中的粤语意思如下，炮引：指辫子；几咁：多么；大褛：大衣；起粉：兴奋貌；白霍沙尘：趾高气扬；稳阵：稳当；呢阵：这时；唔好咁笨：不要那么傻。

上用于宣传？限于史料，笔者尚不清楚。当时革命党人高层并没有自觉的革命文艺理论，也没有一支常设的文艺创作、演出队伍，所以，即使有演出也不会多，这些作品对广东曲艺发展的影响也不会有多大。而且，这类宣传革命理论的曲艺作品只是集中发表在《民生日报》创刊之初的一两个月内，此后就少有再刊登。究竟是因为作者江郎才尽，还是其他原因？笔者也不清楚。

辛亥革命时期，已经有一些革命党人以文艺为宣传革命服务，诗歌、小说、戏剧、美术、音乐等领域，都有宣传革命的作品。陈天华的《猛回头》，就是以民间说唱形式宣传革命的著名代表作。《民生日报》刊登的作品，总体上看当然未能达到陈天华的水平。上文引述的曲词，以艺术性的标准看，缺陷是明显的，其中的政治语汇太多，文采不足，表现形式有些生硬。也许，作者本来就没有多少创作广东曲艺作品的经验。但这些作品都用粤语写成，而且写得尽量口语化，显然，作者意想中的读者主要是广东文化水平不高的平民百姓。作品内容也尽量结合广东的现实，无论内容和形式都具有鲜明的广东特色，于此看来，《民生日报》这些曲艺作品的作者，在一定意义上也是"文艺为革命服务、为群众服务"的先行者。

（本文刊于《辛亥革命与广府文化论文集》，广州市人民政府文史研究馆编，2012年。）

《民生日报》馆藏、引用与保护状况

邱蔚晴

近年来，近代中国的报纸越来越受到研究者的重视。《民生日报》是一份以宣传孙中山思想为宗旨的革命报纸，含有大量政治、军事、经济、社会、文化、风俗等方面的信息，对多个领域的研究都有参考价值；该报出版、发行于辛亥革命策源地广东，又有幸绝大部分保存下来，因此，《民生日报》可说是研究辛亥革命时期广东的一个史料宝库。笔者拟对该报馆藏及读者利用情况做介绍，并对保护该报提出一些想法。

一、《民生日报》是稀见的近代报纸馆藏

中山大学图书馆收藏了一套1912—1913年出版的《民生日报》，该报1912年5月4日创刊，1913年11月10日被袁世凯爪牙、时任广东省省长李开侁下令封禁。现存报纸从1912年5月4日创刊号起，至1913年10月，其间1913年2月全缺，其余各月，有些月完全保留，有些月缺一两日或若干日（当时广州报纸星期天不出刊，并非缺失）①。也就是说，该报从创办到结束绝大部分迄今尚存。依据1991年广东中山图书馆（今广东省立中山图书馆）制作的缩微版计算，《民生日报》现在共尚存4502版。但凡能从创刊到停刊都连续保存的历史报刊，对今日的图书馆来说都很有价值，故《民生日报》弥足珍贵。

---

① 中山大学图书馆期刊部编：《中山大学图书馆馆藏建国前中文报纸目录》，1985年印行，第30页。

然而，迄今为止，除中山大学图书馆外，国内未发现其他图书馆有收藏《民生日报》，包括收藏较多粤、港近代报刊的香港大学冯平山图书馆以及其他港澳图书收藏机构。可以认为，《民生日报》是中山大学图书馆保存的孤本近代报纸。

近代广东报刊中，报纸能完整留存至今的很少。相比较而言，存世的刊物多一些，例如，清末民国初年革命党人潘达微、何剑士、高剑父等人所办的《时事画报》，当时曾风行粤港澳、大江南北，甚至走出国门，目前在广州博物馆、广东省立中山图书馆、广东省美术馆、浙江图书馆、上海图书馆、广东革命历史博物馆、中山大学图书馆、广州文仕文化博物档案馆、香港大学冯平山图书馆、美国康奈尔大学图书馆等海内外藏书机构分别有收藏。数年前广州博物馆、广东省立中山图书馆合作，以广州博物馆、广东省立中山图书馆的收藏为基础把分藏于各地的《时事画报》共139期扫描整理，于2014年在广东人民出版社出版①。又如清末革命党人郑彼岸在香山创办的《香山旬报》，共刊出123期②，在一些博物馆、图书馆也可以看到一部分③。

清末民初的广东报纸存世极少，几乎找不出哪种今日尚大部分保存下来的日报。中山大学图书馆所藏1919年前广东报纸的情况如下表。

表1 中山大学图书馆馆藏1919年以前中文报纸概况

报纸名称	出版发行时间	中山大学图书馆馆藏情况
七十二行商报	1907—1938年	1910—1915年共存8日，1917年存数十日，1919年存2日

---

① 广州市博物馆、广东省立中山图书馆编：《时事画报》（影印），广东人民出版社2014年版，"出版说明"。
② 邓毅、李祖勃编：《岭南近代报刊史》，广东人民出版社1998年版，第312页。
③ 《香山旬报》在孙中山故居纪念馆藏有若干电子版，北京大学图书馆也有为数不多的藏本。据说尚有部分在私人藏家手中。

续表

报纸名称	出版发行时间	中山大学图书馆馆藏情况
广东中华新报	1916—1920年	1917年3—8月，7月存15日，其他各月存若干张
广东时报（副刊）	不详	1911年5—7月，存若干张
广州共和报	1912—1938年	1913年10—12月共存五六十日，1914年、1915年各存数日
民生日报	1912—1913年	绝大部分存，详见本文
羊城新报	不详	仅存1912年10月17日
华国报	1913—1916年	1913年10—12月大部分存，1914年5—12月大部分存，1915年1—7月、10—12月大部分存
国报	1913年创刊	1917年2—8月，各月存一两日至十几日
粤报	1917—1920年	1917年7月，存二十多日

说明：本表据中山大学图书馆期刊部的《中山大学图书馆馆藏建国前中文报纸目录》编制。报纸发行时间参考梁群球的《广州报业（1827—1990）》（但此书有关报纸出版时间的记述有时与馆藏实物有出入）。

囿于当年的技术条件与信息来源的限制，《中山大学图书馆馆藏建国前中文报纸目录》难免有遗漏、差错，例如，有些收藏于院系资料室的旧报纸（如历史系资料室的《广州总商会报》光绪三十三年的若干散页）就没有列入目录。然而，这个目录也足以反映清末民初广东报纸存世极少。当日在广东曾经很著名的《七十二行商报》（创刊时报名为《广东七十二行商报》），创刊于1907年，停办于1938年（抗战后一度复办，后改名），是近代广东出版时间最长的报纸。20世纪30年代，区季鸾写《广东纸币史》时引用了很多《七十二行商报》的报道①。但时至20世纪80年代，这份发行30多年的日报在中山大学图书馆的收藏量总共只有几百张。前些年，南方日报社的图书资料室发现了三份清末的《广东七十二行商报》，另有居民发现了一份家藏的，这些消息一时成为多家报纸转载的新闻。与《民生日报》同时期的《震旦日报》，尚存世的有1911年底的连续几个月②，其余部分仍难寻觅。其他报纸，有些可以找到零散的残张，更多的就荡然无存了。近年，图书馆、博物馆都征集、收购近代出版物，清末民初的报纸一张动辄要价数千元，如果是连续较长时间的更是天价，公私藏家竞相争购。在近代早期，报与刊的界限不明显，戈公振在《中国报学史》中曾提及："盖当时报纸之内容，新闻少而文艺多，直与书籍无异。故报纸常再版出售，而不闻有明日黄花之讥。至《时报》，始废弃书本式，而形式上发生一大变迁。民国成立以后，报纸渐多，形式已归一律，其内容亦新闻日增而文艺日减。舍杂志外，遂不复为保存之便利计矣。"③ 笔者所见的各大图书馆馆藏，近代刊物保存得较完整的多于近代报纸，应如戈公振所言。自从刊物与报纸区分明显，报纸因新闻内容逐步增加，开本较大，发行频率比刊物更高，发行时没有充分考虑长期保存的需要，使用价格较低的白报纸印刷，所以保存更加困难。当时的图书馆通常会把刊物与图书同样保存，但不一定视报纸为经常、固定的收藏。《民生日报》的馆藏状况，在清末民初广东报纸中几乎是罕见的特例。这很可能同该报发行人陈德芸后来任岭南大学图书馆中籍部主任和馆长有关。绝大部分《民生日报》留存至今，可说是中山大学图书馆的幸运。

长期以来，《民生日报》并没有引起新闻史、报业史专家足够的关注。戈公振的《中国报业史》对该报完全没有提及。方汉奇的

---

① 区季鸾：《广东纸币史》，国立中山大学经济调查处，1934年。
② 收藏于北京大学图书馆。
③ 戈公振：《中国报学史》，岳麓书社2011年版，第293—294页。

《中国近代报刊史》谈到该报时总共只有两句话①。人民出版社出版的《辛亥革命时期期刊介绍》② 第1—5集介绍了清末至1919年报刊共200多种，但没有收录《民生日报》。清末民初的一些报人在20世纪60年代写成和发表的关于当日广东报业的回忆录史料，大多没有提及广州《民生日报》③。若干广东报业史著作，对《民生日报》也是语焉不详。梁群球的《广州报业（1827—1990）》虽然提及《民生日报》，但只有几行字④。作者可能没有看过报纸的原件，故把《民生日报》简称为《民生报》（未见《民生日报》本身有此简称），对该报的特色和亮点并未予以准确、充分的评价。邓毅、李祖勃所编的《岭南近代报刊史》，对清末民初革命派出版报刊特别重视，对有些报刊介绍的篇幅相当长，但《民生日报》的介绍文字比《广州报业（1827—1990）》还少⑤。1990年后中山大学几位学者都对《民生日报》进行研究，又发表了论文，还包括专题介绍《民生日报》的论文。《岭南近代报刊史》是1998年才出版的，但不知何故编著者完全没有注意到该报。对新闻史有深入研究的蒋建国，在其《报界旧闻》一书中，对近代广州报业做了专业的、有趣的介绍，其中第五章"群报争艳"介绍了清末十余年（1900—1911）广州的12种报刊⑥。但这本书对1912年5月创刊的《民生日报》完全没有提及。虽说《民生日报》出版时间不长，但该章提及的12种报刊有的出版时间更短，而且这12种报刊今日的

---

① 方汉奇：《中国近代报刊史》，山西教育出版社1991年版，第697页。这两句均用《民生报》这个不准确的名称。书中提及了1907年同盟会员在檀香山出版的另一种《民生日报》。
② 丁守和主编：《辛亥革命时期期刊介绍》，人民出版社1983年版。
③ 如沈琼楼的《清末民初广州报业杂忆》（《广东文史资料》第17辑）、沈琼楼与陆逊翁的《从清末到抗战前的广州报业》（同上，第18辑）都完全没有提《民生日报》。只有高承元的《1912年至1925年宣传民主革命之报刊》（《广东文史资料》第24辑）有很简略的忆述。
④ 梁群球主编：《广州报业（1827—1990）》，中山大学出版社1992年版，第64页。
⑤ 邓毅、李祖勃编：《岭南近代报刊史》，第371页。
⑥ 蒋建国：《报界旧闻——旧广州的报纸与新闻》，南方日报出版社2007年版，第121-184页。

馆藏数量没有一种比得上《民生日报》，从文献价值看，多数也不如《民生日报》。笔者猜想，多位广东近代报业史的研究者应该不是有意忽略，很可能是因为此前各种报业史都很少提及《民生日报》，无可参考，而其时图书馆的旧报刊一般只对本校师生开放，馆藏信息的公布不如今日普遍，交流也不如今日畅通，学者们不大了解也就不奇怪了。

二、中山大学学者对《民生日报》的利用

《民生日报》早就入藏岭南大学图书馆，20世纪50年代中山大学图书馆就已编录。但几十年间，完全没有学者利用这份报纸对中国近代史相关课题进行过研究。迄今也未发现20世纪90年代以前发表的论著有引用《民生日报》的。究其原因，一方面是当时文史学者在学术研究中利用新中国成立前的旧报纸尚未蔚然成风，来查阅者极少；另一方面是图书馆编制的目录所揭示的信息不足，因而包括《民生日报》在内的大批馆藏旧报纸未能在当时的学术研究中发挥充分的作用。

1978年后，重新恢复高考后的本科生、研究生陆续入学，学校教学、科研秩序逐步恢复正轨。为适应新形势的要求，中山大学图书馆对馆藏旧报刊做了全面的清查、整理，在查清馆藏"家底"的基础上，1985年编印了《中山大学图书馆馆藏建国前中文报纸目录》，并向所有读者开放馆内阅读。这个目录未必没有差错，但今天看，仍使我们对40多年前的图书馆人（他们都已全部退休，有些已经永远离开我们）敬业、细致、为读者服务的精神产生由衷的敬佩。从这个目录可知，当年馆员们是逐张报纸都翻阅后，才做登记、统计、汇总的。在当时条件下，这项整理工作量之大、之艰辛不难想象。《中山大学图书馆馆藏建国前中文报纸目录》的印行，使校内读者了解馆藏情况，可以"按图索骥"借阅。20世纪80年代后期起，文科学者、学生纷纷在科研中利用这些近代出版的旧报

纸,《民生日报》因其史料价值及馆藏"独一无二"性,很快被历史学科的学者注意和重视,成为 20 世纪 80 年代后期到 21 世纪初借阅次数和在论著中引用较多的民国报纸。中山大学的学者周兴樑、邱捷、余齐昭、何文平等得以利用该报对孙中山以及辛亥革命等课题做了有创新意义的研究。

从 20 世纪 70 年代末开始,中山大学孙中山研究学术事业的奠基人陈锡祺就率领孙中山研究所的同人编撰《孙中山年谱长编》。在当时的文献、资源、技术条件下,陈先生的团队克服了各种困难,广泛收集资料,包括大量此前的孙中山年谱、传记未引用过的新资料。其中就包括《民生日报》,《孙中山年谱长编》的 1912 年部分就有 15 处的出处注明是《民生日报》[①]。

鉴于中华书局版的《孙中山全集》(1981—1986 年出版)尚有不少未收录的文献,中山大学历史系退休教师林家有、李吉奎、周兴樑等编辑了《孙中山全集续编》,交由中华书局(北京)于 2017 年出版。《孙中山全集续编》新收录来自《民生日报》的孙中山著作情况如下表。

表 2 《孙中山全集续编》来自《民生日报》的内容

《民生日报》原标题	刊登时间	在《孙中山全集补编》标题	页码
医学共进会欢迎孙先生纪略	1912 年 5 月 11 日	在医学共进会欢迎会上的演说	244
石室天主堂欢迎孙先生纪略	1912 年 5 月 13 日	在广州圣心天主教堂的演说	245
孙中山来函	1912 年 5 月 14 日	致《民生日报》函	247

---

① 陈锡祺主编:《孙中山年谱长编》,中华书局 1991 年版,第 696 – 700、703 页。

续表

《民生日报》原标题	刊登时间	在《孙中山全集补编》标题	页码
孙族恳亲会纪事	1912年5月15日	在广州孙氏宗族欢迎会上的演说	246
公祭黄花岗之盛典	1912年5月17日	在广州农林试验场的谈话	248
商会善堂欢迎孙汪先生纪事	1912年5月18、20日	在广州商界欢迎会上的演说	248
粤路公司欢迎孙中山情形	1912年5月18日	在粤路公司欢宴会上的谈话	249
孙中山游观香洲埠	1912年5月27日	在游览香洲埠时的谈话	251
补录孙中山在香港教会演说略	1912年6月22日	在香港基督教会欢迎会上的演说	254
孙中山政见种种	1912年9月7日	在北京广东公会欢迎会上的演说	279
孙中山之铁路计划	1912年9月11日	关于铁路问题的谈话	290
孙中山之财政谈	1912年9月11日	在北京与某国民党员的谈话	296
孙中山挽留袁世凯	1913年5月13日	致袁世凯电	409
孙中山不欲与闻政事	1913年6月26日	复广东省官厅电	431
孙中山之言	1913年8月30日	抵日本后的谈话	440

1912—1913年,时任广东省副都督的陈炯明是广东军政府的实权人物,《民生日报》有关陈炯明的新闻甚至比都督胡汉民更多。在段云章、倪俊明所编的《陈炯明集》中,有49篇是以《民生日

报》刊登的内容为底本①。

中山大学有多位学者用《民生日报》进行研究，下面是两位学者8篇论文引用《民生日报》的情况。

表3 中山大学学者若干论文注引《民生日报》情况

作者	论文标题	发表刊物	全文注引（条）	注引《民生日报》（条）
周兴樑	"宋案"后孙中山对袁世凯的态度	《历史研究》1991年第6期	25	10
周兴樑	广东军政府裁编民军新论	中山大学学报论丛《孙中山研究》第8集，1991年	104	28
周兴樑	民初广东军政府建立的共和制度及其失败	《近代史研究》1992年第6期	63	29
周兴樑	论辛亥革命时期的广东军政府	《历史研究》1993年第3期	106	61
周兴樑	胡汉民与民初广东军政府的创建及其行政	《中山大学学报》（社会科学版）2012年第5期	104	62
邱　捷	1912—1913年广东的社会治安问题与广东军政府的清乡	《近代史研究》1992年第3期	63	40
邱　捷	1912—1913年广东纸币的低折问题	中山大学学报论丛《孙中山研究论文集》第10—11集，1994年	156	74

---

① 段云章、倪俊明编：《陈炯明集》上卷，中山大学出版社1998年版，第100－118、125、127、128、131、134－137、139、141、142、151、152、155、157、159、162、163、169、202、204、236－238、250、251页。

续表

作者	论文标题	发表刊物	全文注引（条）	注引《民生日报》（条）
邱 捷	清末民初地方政府与社会控制——以广州地区为例的个案研究	《中山大学学报》（社会科学版）2001 年第 6 期	134	70

以上几篇论文都是研究广东辛亥革命的创新性成果。8 篇论文共注引 755 条，其中注引《民生日报》共 370 条，《民生日报》注引占全部注引 49.5%。可以认为，如果不引用《民生日报》，上述论文很难被写出来，即使写出也会减色不少。

中山大学孙中山纪念馆原负责人余齐昭在考证孙中山文物、图片方面做了很多工作。她的《孙中山文史图片考释（修订版）》利用《民生日报》写成《孙中山昆仲辟谣》《孙中山 1913 年 6 月自沪至港途中在船上合影》《孙中山何日抵澳门会见陈炯明》等文章，考证了不少重要事实①。

邱捷在《民生日报》中发现了《共产党宣言》的译本，1992 年予以披露②，后来又做了较详细的研究③。这一译文的发现无疑使《民生日报》的史料价值和文物价值大大提高。邱捷的《近代中国民间武器》被收入"国家哲学社会科学成果文库"出版，2021 年又修订再版。此书初版本引用《民生日报》24 次，修订版引用 37 次④。

---

① 参见余齐昭《孙中山文史图片考释（修订版）》，广东人民出版社，2009 年版，第 85、112、113、116 页。
② 邱捷：《〈共产党宣言〉在广州的早期译介》，载《羊城今古》1992 年第 6 期。
③ 邱捷：《1912 年广州〈民生日报〉刊载的〈共产党宣言〉译文》，载《中山大学学报》（社会科学版）2011 年第 6 期。
④ 邱捷：《近代中国民间武器》，社会科学文献出版社 2012 年；2021 年修订。引用《民生日报》次数均据两版清样的电子版统计。

何文平在 20 世纪末、21 世纪初撰写博士学位论文《盗匪问题与清末民初广东社会（1874—1927）》①时也引用了不少《民生日报》的内容。

除了中山大学本校的学者以外，其他研究辛亥革命史、民国史的学者很少注意到和引用《民生日报》。例如，朱宗震、杨光辉编的《民初政争与二次革命》（收入《中华民国史资料丛稿》）②，主要收录 1912—1913 年有关以孙中山为首的民主革命派与以袁世凯为首的旧势力政治斗争的史料，尽管该项资料汇编有很多内容同广东有关，且全书来自报刊的资料也不少，但完全没有收录《民生日报》的内容。

三、对近代报刊文献保护的若干思考
——以《民生日报》为例

所有被图书馆收藏的旧出版物，都自有其价值，都是可供研究者参考的重要文献。而其中部分藏品，不仅有学术上的文献价值，而且有特殊的馆藏文物价值。例如，古籍善本、珍本图书，名人签名、收藏、使用过的图书，就都具有文物价值，理应受到比一般藏品更高规格的重视。一般图书馆会把馆藏特别稀有、特别有价值的图书视为"镇馆之宝"。《民生日报》既是中山大学图书馆收藏的孤本报纸，刊登《绅士与平民阶级之争斗》的报纸原件，是迄今所知中国本土最早的《共产党宣言》（第一部分）的中译本，也是唯一在报纸连载的译本，是广东为马克思主义在华传播最早地区之一的重要物证，也是孙中山为代表的民主革命派在寻找救国真理过程中关注马克思主义的重要文献，因此，在图书馆学史、传媒史、社

---

① 何文平：《盗匪问题与清末民初广东社会（1874—1927）》（博士学位论文），中山大学 2002 年。在此学位论文基础上，增改为《变乱中的地方权势：清末民初广东的盗匪问题与社会秩序》，广西师范大学出版社 2011 年版。

② 朱宗震、杨光辉编：《民初政争与二次革命》，上海人民出版社 1983 年版。

会主义在华传播史上应该有"独一无二"的文物价值。这几张报纸是否可列入中山大学图书馆"镇馆之宝"范围,笔者没有足够的把握,但毫无疑义,它们都有特别的文物价值。

认识到《民生日报》对社会主义在华传播史上的重要文献价值后,就应当把对这一具有重要文物价值的文献的保护提到图书馆的重要日程上来。

近代中国报刊从晚清延续到民国,体现了中国近现代印刷业、造纸业、出版业的科学技术发展。它们的纸张原料、制作工艺、印刷媒介与工艺、装帧方法与中国传统手工纸质文献存在明显差别。近现代造纸工艺与传统造纸工艺方法不同,使得近代报刊的酸化速度和程度比此前传统宣纸、竹纸更为严重,也更难于长期保存。南京图书馆对12176册民国时期图书酸化情况进行调研发现,机制纸的PH酸碱度为3.637,同一时期的手工纸文献的PH酸碱度则为5.436[①]。其他图书馆,包括中山大学图书馆所藏图书、报刊纸张酸化情况应该类似。PH酸碱度低于5以下,纸张就会变黄发脆,保存寿命不会很长。各大图书馆认识到,如再开放借阅,这些近代图书、报刊将会出现不可修复的永久性损毁,于是不得不停止向读者借阅所有1949年前出版的报刊,尤其是报纸的原件。

有经常使用《民生日报》进行研究的学者说,20世纪八九十年代查阅时该报尚基本完整,读者按照馆员要求小心翻阅即可,但进入21世纪后,即使小心翻阅也难免会对其造成损害。中山大学图书馆鉴于民国时期的报纸的纸张已全面老化,如再翻阅,报纸的纸张可能会化为碎片,而《民生日报》已入藏百年(到2022年约110年),故原件停止向研究者开放使用。如何从根本上解决研究者与文献收藏者之间存在的"藏"与"用"的矛盾,让更多研究者得以使用这份珍贵的报纸,从而使近代报纸持续服务于学术研

---

① 陈绪军:《南京图书馆馆藏民国时期文献酸化情况调研》,《数字与缩微影像》2013年第3期。

究,《民生日报》的再生性保护提供了一个很好的案例。

1985年,文化部成立了全国图书馆文献缩微复制中心,负责统一制定全国公共图书馆文献缩微规划,组织并协调全国公共图书馆开展对馆藏古旧文献和其他需要长期保存文献的抢救工作。从此拉开了在全国图书馆,尤其是公共图书馆范围内利用缩微技术对文献进行再生性保护的序幕。全国图书馆文献缩微复制中心自成立开始,就非常重视新中国成立前及新中国成立以来的报刊的拍摄复制工作,对大量民国报刊进行了抢救性拍摄。截至2017年底,全国图书馆文献缩微复制中心各成员馆共拍摄民国时期报纸2812种2132万拍、期刊15232种1850万拍[①]。全国图书馆文献缩微复制中心缩微拍摄复制的规模世所罕见,成为后来制作文献复本和介质转换(影印、数字化)的基础。广东省立中山图书馆是最早加入全国图书馆文献缩微复制中心的成员馆之一,1984年就派缩微摄影技术人员赴日本接受缩微摄影技术培训,开展缩微报刊摄影工作。在全国图书馆文献缩微复制中心的协调下,中山大学图书馆把《民生日报》提供给广东省立中山图书馆进行摄制。广东中山图书馆在1991年就完成了《民生日报》的缩微胶卷拍摄,共计8卷,本馆留存一份,交付国家图书馆留存一份。缩微品成为各图书馆文献采选时的优选品,如国家图书馆文献采选条例规定:"对善本特藏文献、辛亥革命前后的图书和建国前后报刊实行再生性保护而产生的缩微文献重点采选。"这个原则已被相当一部分图书馆作为文献资源采选原则,用以替代民国时期报刊的使用,避免作为文物的民国时期报刊的进一步受损,原则上解决了民国报刊"藏"与"用"之间的矛盾。

缩微品在长期保存上占据一定优势,但需要专用设备进行阅读,阅读和查找殊为不便。随着20世纪90年代信息技术市场发生

---

① 见全国图书馆文献缩微复制中心主页:http://www.nlc.cn/newswzx/[2019-2-19]。

的重大变化,个人计算机在办公室普及,网络技术发展迅速,读者迅速被更加便利的计算机信息检索利用和网络传输吸引。1999年,广东省立中山图书馆开始建立缩微文献数字化转换子系统,并开始将所制作的缩微文献进行扫描处理。目前,以中山大学图书馆馆藏珍贵民国报刊《民生日报》为底本制作的《民生日报》缩微品与数字影像,在中山大学图书馆内可提供馆内阅览服务。中山大学图书馆针对《民生日报》等珍贵民国报刊的馆藏缩微品的数字化转换计划已经启动并稳步推进,为将来的数字人文项目打下坚实的基础。

通过影印、缩微、数字化出版等再生性保护的方式,近代图书、报刊焕发新的生命力。该技术既能使原始文献容易被研究者获得,也能让原始文献不必频繁进入流通阅览领域,减少受损的可能性。越来越多研究者开始利用缩微品进行研究,例如,《民生日报》所刊登的《共产党宣言》第一部分译本近年也越来越被学术界、理论界关注,这与《民生日报》缩微品的制作与传播分不开。

图书馆还探索再生性保护和原生性保护两者相结合的方式,一方面通过影印、缩微、数字化出版等方式,让大量珍贵近代文献得以"化身万千",使它们的史料价值得以长久保存并广泛传播。另一方面,又通过各种现代技术,对近代图书、报刊原件进行修复保护。例如,中山大学在广州市政府资助下,正在通过"古籍脱酸及加固技术装置协同创新研究"项目,探索适合中国古籍和清末、民国时期文献的纸张加固办法、加固工艺和设备产业化的研究与应用。《民生日报》是国内最早刊登《共产党宣言》第一部分全译本的报纸,它是记载马克思主义在华传播的重要文物,具有"红色基因传承"的价值,应当被纳入第一批抢救性修复革命文物的范畴。加强革命文物保护,弘扬革命文化,传承红色基因,是全党全社会的共同责任,中山大学更责无旁贷。

在图书馆,无论在理论上还是实践中,近代图书、报刊与古籍都是得到特殊关注的存在,作为珍贵的"特殊收藏文献"进行管理。中山大学图书馆是"全国古籍重点保护单位",收藏有古籍35万余册,民国时期文献约14万册,居于全国前列,但也与国内其他图书馆一样,这些特藏文献或有纸张存在不同程度的霉蚀、虫蛀、酸化、老化、撕裂等现象,或有书籍存在断线、磨损、结构损坏等现象,文献保护工作迫在眉睫,文献修复工作任重而道远。为做好文献保护与修复工作,中山大学图书馆从2001年起开始启动馆藏古籍的保护与修复工作。20多年来,在国家古籍保护中心以及学校985工程专项资金的支持下,中山大学图书馆一直对文献保护与修复工作尤其是中西文古籍与民国时期文献的保护与修复持续投入大量的经费与人力,根据馆内文献保护与修复的需求,有计划、有步骤地投入经费与人力改善文献保护与修复的条件,并得到国内外文献修复专家的支持与帮助。经过多年的努力,中山大学图书馆古籍书库和阅览室面积扩大到原来的3倍,达到2100平方米,配备了中央空调、抽湿机、烟感气体消防、红外监控、摄像监控和温湿度监控等设施,增添了一批文献修复的设备与材料,目前馆藏古籍与特藏保存和保护条件得到极大改善。

中山大学图书馆对古籍保护、修复人才的培养与引进也十分重视。多次派出馆员赴国内外古籍修复基础雄厚的图书馆或学术机构学习、培训。2003年起正式设立古籍修复实验室,聘请了古籍修复专家以及具有丰富字画装裱经验的专业人士到馆工作,同时以"传、帮、带"的方式,为图书馆培养古籍修复整理人才。

中山大学图书馆古籍修复中心是文化部公布的首批国家级古籍修复中心,自2008年"中华古籍保护计划"实施以来,中山大学图书馆国家级古籍修复中心充分发挥了地处中国南大门的地理优势,与来自美国、德国、蒙古、朝鲜、韩国探讨,与港澳地区的专家学者合作,积极探讨文献保护与修复领域的热点问题;同时,充分利用中山大学的多重优势学科资源与教学资源,着重探讨古籍保护与修复高级人才培养的创新模式与方法。

经过多年探索,中山大学图书馆在国家古籍保护中心的指导与支持下，建立起"三位一体"古籍保护人才培养机制。2014年，中山大学图书馆成为国家古籍保护中心公布的十二所"国家古籍保护中心人才培养基地"之一，将短期技艺培训变为长期培训。2014年年底，国家古籍保护中心选择中山大学作为试点单位设立国家级古籍修复技艺传习所。2014年11月，中山大学图书馆成功与国家古籍保护中心、中山大学资讯管理学院签署了合作培养古籍保护硕士学历教育协议，于2015年9月正式招收古籍保护硕士考生，将中山大学图书馆国家级古籍修复中心设为研究生学习实践基地，从此人才培养正式走上了专业化道路。

中山大学图书馆国家级古籍修复中心的修复团队是国内较早开始开展民国时期文献与西文古籍修复工作的单位，在传习导师带领下已深入展开对馆藏一二级破损程度严重的珍贵古籍进行修复与抢救性保护，对本馆一二级破损珍贵古籍的修复工作已在稳步进行。自2009年来，受国家古籍保护中心委托，中山大学图书馆古籍修复中心与香港歌德学院图书馆举办了7次西方古籍保护与整理方面的培训班，来自内地、香港和澳门的图书馆、档案馆、博物馆等机构超过420人次接受了系统的培训。这些从业人员与"文献保护与修复"方向的专业硕士毕业研究生，共同成为我国西文古籍修复界的中坚力量。

第二部分　资料选辑

本报宣言

仲 伟

西谚云，无用之雄辩，犹桧树也，高大而不实。又云，演说家无一定主义，犹无勒之马。由前说言之，是言论不可不审时势；由后一说言之，是言论不可不定宗旨。记者不敏，用敢揭本报之宗旨，与现今之时局，与阅者诸君一商榷之。

一、本报以民生为主义宗旨。

二、现今时局为我国由专制而入共和，似此，本报宗旨与现今时局之关系。有当研究之二大问题如下。

解决甲题，不可不知世界大势。盖世界大势之变迁，非一日矣。自一千五百十七年路得倡新教之事起，而世界之大势一变；自一千七百八十九年法兰西大革命之事起，而世界之大势又一变。十九纪末，农工商之新科学次第发明，资本家利用之，阴以垄断一切权利，由是劳动者之生计顿乏，富者愈富，贫者愈贫。愈富者日以少，愈贫者日以多，而社会之险象，遂有终不能不出于破坏者，而世界之大势又将一变矣。夫破坏本不祥之物，乃前后数百年间，始而宗教问题，继而政治问题，终而社会问题，一皆诉之于武力，其为祸固不待言。而西人宁忍痛苦为之，盖不如是，不足以谋公共之幸福也。今吾国政体初更，而社会阶级又无特别者以为之梗，一举而芟夷蕴崇之，则乱机永无复发之祸，其事亦为至顺。若忽焉不察，吾恐过此以往，以吾民之聪明智慧，而习于自由经济之竞争，安在无大怪物如美之摩尔根氏者。如是则生计界之剧战，且将视欧美为甚焉，又果孰失而孰得也。

解决乙题，不可不知吾国之大势。吾国三代以前，率行井田制度，所为均贫富、杜兼并，其义与民生主义为最近。降及后世，古制骏废。然王莽之王田、北魏之均田，虽不尽可行，而于意未为大谬。此历史之习惯，适用民生主义者一也。

东南人满，西北土满。沿昆仑山脉北行，凡满蒙回藏一带，半多荒地。若奖励劳动者，使之从事拓殖，则外可以杜强邻觊觎之私，内可以绝豪富兼并之患。此地理之趋势，适用于民生主义者二也。

欧美诸国，托辣士特之制行，大资本家、大地主家之势力范围，久已根深蒂固而不易拔。若吾国则社会之程度幼稚，此种现象，尚未大著，及其未著，而豫为之防，其措置正易易耳。此社会状态，适用民生主义者三也。

不宁惟是，吾民慑服于专制政府下者，千年于兹，□□受治，自甘勤苦，以是之故，演为种性。故西人谓中国人最优于耐劳性质者，此也。使善因势而利导之，则安在此最文明平等之制，不可推行尽利者？此人民性情，适用民生主义者四也。具此四因，然则吾国之可行民生主义与否，其说不待再计，决矣！

记者谨以简语结之曰：现今时局亟宜行民生主义，民生主义最适行于中国。

——《民生日报》1912年5月4日

民生主义之主张

祝 平

　　政府万能，毒流四海，推其祸患所至，如洪水猛兽，生民咸在危难之中，此有形之专制则然也。若夫位不必君主，其权势足以君主埒，南面临经济界，举生人幸福身家性命归于掌握中，而操纵一世，众咸顿首，经济为祸，不更烈欤！呜呼！社会成立之状态，亘古以来，莫之或改。洎乎近世，百工发达，产业繁殖，富者垄断，厥风弥滋，而多数人民，乃益沦胥。向之权利握自政治上者，而以生计之绌，见夺于富豪，生民多艰，维兹孔亟。迨十九世纪下半期，欧西各国志士仁人，乃竞起其间，如巨涛汹涌，凡所以改造社会者，不计祸福，不避艰险，其情意恳切，其精神公正，专以拯救众生疾苦为怀，而民生主义于是乎出现。

　　夫民生主义者，果谓何者？为现今社会之弊害乎？曰：贫富分配，为最不公平者也。试观社会之现象，凡庸者流一无所事，而坐拥巨万者有矣，终岁勤劳以谋衣食，而迫于饥寒者有矣。所谓社会进步也，所谓文明发展也，而经济界反生不平之阶级。有如是者，贫富之悬隔，其将日甚一日矣乎！循兹以往，社会其不至于分裂不止。

　　且夫生产之要素有三：土地也，资本也，劳力也。三者并立，而有不可相离之关系。劳动者只有劳力，而无资本与土地；资本家则有土地与资本，不须劳力，自然拥巨资，坐享生人之衣食安乐，殊不知劳力者生人应尽义务，衣食安乐者，生人固□□□□□□□□□□河海之鱼贝，一不劳动，生命立亡。人类亦然，人人若不劳动，则衣食安乐何所自而至？故社会上对于劳动者，不得不有正当之报酬也。

　　而反观今日社会之状态则何如，资本家垄断富源，劳动者止得区区之报酬，加之互相竞争，有资本者挟其财力，以压倒无资本者，常欲减低工价以驱策之。无资本者亦常奋其反抗之力，要求加价，而时有同盟罢工之举。悲夫悲夫，无资本者终日营营，囚首丧面，劳筋苦骨，而工银所入，不足以供衣食之需，甚至饥寒交迫，妻子呼号，而濒于死亡者有之，此不得已而饮恨吞声，亦惟蜷伏于资本家之下而已。故有资本者与无资本者相竞争，恰如手持利器与赤手空拳者相斗，其无理不公平为何如也！然则救治之法，非从根本的以革除现社会之组织不可，民生主义之实行，岂容已乎！

民生主义者，经济之改革案也。其所主张，非反对人民之富，乃反对富量在少数人之手，而生社会不平之阶级也。苟能举土地及大资本归诸国有，则社会之富，聚于国家，国家之富，还于社会。其分配之法，非必人人相同，无多寡众差之不齐也。但使公共财产，不为一二私人所垄断，于经济界无不平之阶级，而个人各立于平等之地位，则其所得，虽有差异，而各视其才力聪明以为准。由是而资本家之势力大杀，不能持双利器以制劳动者之死命，而资本家与劳力轧轹可以免。由是而二三豪强所垄断之权利，举而归诸国家，则以昔日任意挥霍之金钱，分配于多数人民，而为有用之费，而贫富不平之阶级可以破。且也人人同受社会之报酬，皆可安居乐业，而政权之分配，自同能一，于是乎政治的平等可以实现。以社会之费用，行教育之普及，无贵贱也，无贫富也，可同沾教育之恩泽，于是乎教育普及之问题，可以解决。风浇俗漓，人心叵测，相嫉相妒，相争相杀，借公益以营私利，殉一己而破大局，道德衰颓，至今已极。若民生主义实行时，则各人之生活，由社会为之保险，各竭一己之能力，各得一己之所需，各守一己之权限，各固一己之自由，本其人类相爱之感情，以维持完美高尚之社会，于是乎道德心亦可以发达。于戏！伟大哉民生主义也！神圣哉民生主义也！吾深愿仁人君子三致意焉。

——《民生日报》1912年5月4日、6日"论说"栏

江君亢虎致袁总统书

江亢虎

慰公大总统座下：

少辱知遇，报称无状，不舞之鹤，重累羊公。嗣创女校于京师，复荷拨款，欣助维持，公私不胜感佩。

□凤昔怀抱社会主义，内国苦无同调之人。三年前周游太平、大西两洋，获交彼中名人，综揽全球趋势，益信社会主义为二十世纪之天骄、人群进化必至之境界，而在我国，则今日其鼓吹倡道之绝好时期也。返辙以来，不惶遐息，奔走讲说，备极艰辛。道非杨墨，而来洪水猛兽之诛；德愧文宣，而蒙削迹伐树之祸。处专制政体下，唯以秘密结社为潜势力之养成而已。

民军起义，斯道大昌，自阴历客秋九月间中国社会党本部成立以来，才百五十日，而支部已九十余起，党员已二万五千人。举国从风，列强耸听，此岂一手一足之烈哉？人心同然，万流同穴，固沛然莫之能御也。南北统一政府成立，曾电贡临时政见，苦于语焉不详。且本党发起沪滨，自迩及远，朔方支部尚稀，而京津间生徒故旧愿闻此说者，日以函电来相招邀，鄙意亦谓人能弘道，未可偏枯，拟溯扬子江而上，沿途调查各支部情状，趁京汉线以北行，号召同人，涣汗大众、并颛谒左右，略陈所怀。夫强聒不舍，固墨氏之遗，而未同而言，亦子舆所戒。特先撮举要义，发其大凡。

窃以为公于社会党，有必应预知者数事：

一、社会主义乃光明正大、和平幸福之主义，其目的在使人人同登极乐、永庆升平，而激烈危险、黑暗恐惶等现象，与社会主义之本体绝不相关。

二、社会主义虽有无政府一派，然其意乃谓个人自治、万国大同，则政府自退归于无用，并非现在即须推倒一切政府、破坏一切国家。

三、社会主义在中国方始萌芽，而自全世界观之，于学理上已成有根柢之学科，于政治上已成最有声援之党派，其发源远而无从遏抑，其树本坚而不可动摇。

四、社会主义有温和、激烈两种，大抵随各国政府之待遇为转移，压制愈甚，则爆发愈烈。观于英、美、德、法之社会党，放任自由而宁谧无讧，俄、日、意、西之社会党，干涉严重而祸变相寻，证据较然，可资法戒。

五、社会主义与共和政体谊实相成，盖共和根本思想不外自由、平等、博爱三言，而社会主义即本此精神以课诸行事。

六、本党所主张者，虽系世界主义，而并不妨害国家之存在，且赞同共和，融化种界，尤与中国今日国是契符。

七、本党提倡教育平等、遗产归公，多与三代井田、学校制度及孔子《礼运》所称道者先后一揆，实吾人固有之理想，在中国特易于施行。

八、本党原非政党，凡事均在社会一方面着手，不欲琐琐干预政府之行为，更无取而代之之野心。对于执政者亦不存成见，非至两不相容时，固无所用其抵抗之手段者。

九、本党发生较早，国内尚无大地主、大富豪，故先事预防，推行无滞，不至蹈欧美覆辙而酿成经济界之大剧战。

十、本党奖励劳动家，振兴直接生利事业，正为国人对症下药，可以祛依赖之劣性、矫游惰之敝风。

综数事，则社会主义与本党之性质当思过半矣，其于民国前途有百利而无一害，盖章章也。故前大总统孙中山君、今内阁总理唐少川君，皆绝对赞成。而外间论者未尽了然，或挟私心，或胶故步，或懵于真相，遂致毫厘千里，或狃于近利，视为迂阔难行。公识解过人，必具卓见。兹事体重大，幸赐教之。不佞为人民计、为国家计，固亟盼我公之慨表同情者也。贡忱上闻，不尽万一。

江亢虎顿首

——《民生日报》1912年5月4日、6日"新闻"栏

《民生日报》出世

百　炼

（扫板）（武生内唱）俺同人，发起了《民生日报》，《民生日报》。

（梆子快板）待鄙人，把言词，演唱一遭。最可喜，革命军，把满清推倒；恢复了，汉家邦，永乐逍遥。今日里，新民国，从新改造；凡国民，一分子，也要尽力帮梢。必须要，合众力，巩固国家基础；我中华，致富强，全仗我的同胞。今欲想，安奠国家，试问有何计较？倒不如，抱定了民生主义，办法为高。"国以民为本、民以食为天"，前贤有道；"衣食足、礼义周"，古训昭昭。又何况，今日里，破坏之余，建设宜早；但是那，经济界，艰窘无聊。有设施，无财用，断难收效；无米炊，难为事，巧妇徒劳。倘若是，国家贫，自己身家，也难常保；还防着，外交上，惹动风潮。为国民，供国用，理所必要；必须要，广兴实业，然后胜算能操。劝同胞，须讲究，生财之道；无论农，无论工，无论行商，无论坐贾，与及渔樵。一国中，百业兴，富强自肇；将见得，我中华，国富家饶。

（中板）只可叹，芸芸众生，只知惟利是好；贪图侥幸，不顾地厚天高。是生利，是分利，他都全然不晓；但知到，谋利禄，饱厌荷苞。为着一己之私，不理多少同胞，已成饿莩；此种人，伤天理，尤为人类之枭。劝同胞，必须要，知到相养相生、相群相保；切不可，仗着一时权势，又来侵害同胞。体念着，好生之德，才是合符天道；方不愧，新国民，大大一个英豪。从此后，持定此民生主义，以为怀抱；自不然，我中华国誉，日益隆高。俺同人，持斯义，著为日报；与诸君，研究一遭，还望着，诸君子，多多赐教。

呀呀!

（收板）敝同人，齐举帽，敬谢同胞！呀呀亚！

——《民生日报》1912年5月4日"班本"栏

劝世龙舟·民生十劝

支 离

《民生日报》，出世在今天，待我把歌喉撚正①，就开言。恭喜我地②中华民国，从新建；脱离专制，扫尽胡烟。共和立，根基奠；从此升平永享，亿万斯年。今日可幸我地出世合时，逢此盛典；可比樊笼久困，得出生天。都系多得③热血英雄，同举义战；把满清推倒，复我民权。讲到民族嘅④问题，经已实践；五族联埋，打破个畛域圈。民族民权，都已偿夙愿；独有民生两个字，尚要大费周旋。故此我地发起《民生日报》把同胞劝；国民义务，稍尽埃涓。待我把民生主义，砌作歌文串，寻章段；等我从头一一，慢溯根源。讲到民生主义，奥妙精微；保种图存，都系在此设施。天道人心，同一理；识得其中妙义，就可救世匡时。自古道，万物化生，凭二气；飞潜动植，各具生机。生生不息，都系由天意；看来造化，都系借此推移。识得天道好生，为作纪始；人心人事，亦可以推知。大抵乐生恶死，人人是；只为要保存生命，就要竭力支持。故此世界变作竞争，无法可止；互争优胜，各立根基。唯是适者可以生存，方有地企⑤；劣者定归淘汰，立见凌夷。我国虽系地广人多，都算首屈一指；若系图存无法，亦怕势力难支。最怕难逃天演例，个阵⑥船到江心补漏迟。何如及早来筹备，早把民生主义设施。讲到话设施，分有两义；一要广谋生计，一要把害物驱除。惟是理

---

① 把歌喉撚正：粤语，意思是试唱、调整唱歌的音调。
② 我地：粤语，"我们"的意思。
③ 多得：粤语，"幸亏、全靠"的意思。
④ 嘅：粤语，"的"的意思。
⑤ 企：粤语，"站立"的意思。
⑥ 个阵：粤语，"那时"的意思。

本精深，穷探不易；原因结果，理最□稽。倘或见理不真，就常有变异；正所谓天涯一线，都系谬在毫厘。待我暂把民生主义，个的①应为事，谱为歌曲，俾作世上箴规。但愿我地同胞，遵守此义，须谨记；待我排成十劝，漫说端倪。

第一劝

第一劝，劝官场。你身为公仆，就要把责任担当。百姓把血汗脂膏将你养，你的俸廉、经费，都系出自百姓嘅荷囊。试想天地生人，原本平等一样，何尝贵贱有两张！为乜事②我地平民百姓称你为官长？都系望你劳心求治、去暴安良。性命身家凭你保障，故此钱粮税饷尽力输将。百姓纳粮，可比系买保险一样，只为要求官保护，故此要纳官粮。平民劳力把你官场养，你应要尽力为治，保护百姓安康。利国福民全靠你手上，总要把民情好恶细细参详。事事总要留心频着想，一有利民之事就要立刻提倡。若有害民诸孽障，就要扫除尽绝，不可怕住③豪强。切不可误认做官系求利嘅伎俩，以官为市，一味挂住④贪赃。咁样做官实系惨过贼抢，因为贼谋财物，尚怕捉获当堂。更有倚仗官威，行事草莽，横施威福把民殃，便是与民生主义相违抗。我定要提起三千毛瑟，轰毙个种恶劣官场。

第二劝

第二劝，劝军人。可喜你地⑤牺牲一切去从军，军人责任何须

---

① 个的：粤语，"那些"的意思。
② 为乜事：粤语，"为什么"的意思。
③ 怕住：粤语，"老怕着"的意思。
④ 挂住：粤语，"老惦记着"的意思。
⑤ 你地：粤语，"你们"的意思。

问，外防国圉，内保黎民。古者用兵临战阵，国内人民都要动身。既系为做国民，都系应本分；纵使牺牲性命，亦要保护同群。无事则归农，遵教训；若然有事，可以立刻成军。正所谓全国皆兵无界限（叶恨）①，无分军界与及平民。后至改为招募，至把型章混；军民界限，自此相分。此后纵有力役之征，百姓亦唔驶②出阵；所有承丁作役，许佢折纳金银。试想今日军界嘅粮糈，与及一切军用品，全系平民担任上身。日日咁③输财，都系想望保护稳阵④；故此不辞劳苦，亦要奉养你地军人。你既受人奉养，就要把良心问；试问有何功德，可以益及民生。每岁费千万金钱，来去将你练训；若不尽心图效，问你点对得住我地人民！况兼近日咁风声紧，四围盗贼扰乱纷纷。你咁食粮唔管事，试问你何忍？想望地方平靖，都望你列位缉捕辛勤。试问地方唔靖，百姓又点样将钱揾⑤？揾钱唔倒⑥，又点样奉养你诸君？个阵恐怕军民皆受困，其中祸害实不堪闻。我今日不惜苦口良言相劝问，伏望我军界同胞细细想真。保护民生是你应本分，晓得以保护民生为主义，方算系合格军人。

第三劝

第三劝，劝下你的乡先生⑦（"先生"二字切音作"腥"）。你素来话事，冇的灵擎⑧，乡事居然由你话正。有乜排纷解难，都系只拟⑨你相张声。出入衙门，靠你做正订；逢亲官事，睇⑩在你定

---

① 叶恨：即"限"字读"恨"音。因读"恨"音才可按粤语押韵。
② 唔驶：粤语，"不用"的意思。
③ 咁：粤语，"这样"的意思。
④ 稳阵：粤语，"稳当"的意思。
⑤ 揾：粤语，"寻找、挣（钱）"的意思。
⑥ 揾钱唔倒：粤语，"挣不到钱"的意思。
⑦ 乡先生：指晚清广东乡村公局的局绅。
⑧ 灵擎：粤语，"灵验、管用"的意思。
⑨ 只拟：粤语，"指望、依靠"的意思。
⑩ 睇：粤语，"看"的意思。

输赢。无论系科甲出身,与及捐粒白石顶①;都系如天如帝,可以吓得人惊。上到祠堂,就把双份肉领②;乡约个份修金③,总有百零。乡内人民,凭你睇口;至此公款科埋④,送到你大厅。你受得个注修金,办事总要揸正⑤;抑强扶弱,总要公平,咪话⑥见到钱财就唔顾命,得些好意你就眼青青。道理短长,由你话柄;若系得财偏袒,做鬼都唔灵⑦。又不可恃势横行,鱼肉乡井;吓诈乡愚,不准佢出声。睇你门高势大,监住要揸埋颈⑧;咁就会酿成怨毒,恐怕你保命唔成。试睇下自从九月反正,个阵乡间绅士,有几个吓得面青青。慌住个班驳壳友⑨来攞命⑩,一旦失其所恃,就要趯出省城。大抵怨毒于人,深过井;若系亏心不作,就使乜咁心惊。驳壳友虽然甚⑪到绝顶,若系你行为公正,佢亦无名。今日世界共和,唔恃得个粒顶;总要知到平等平权,冇⑫乜重轻。祖尝公款,唔到你私支领;纵使出来办事,亦总要持平。咪话恃住读过两个钱书,天咁烂靓⑬;官司会打,就可以吓得人惊。往日个种行动,应分要改正,心肠须洗净,千万咪把乡间鱼肉,留落个腐败名声。

---

① 白石顶:清朝五六品官的顶戴看起来都像白色。晚清广东公局局绅很多是捐纳了中下级职衔的异途绅士。

② 双份肉:晚清广东宗族在祭祀祖先后分胙肉时,有官职、功名者可多分,当了局绅在族中的地位就不同。

③ 修金:本义是给教师、幕客的酬金,给公局局绅的报酬有时也用修金名义。

④ 科埋:粤语,"征集起来"的意思。

⑤ 揸正:粤语,"秉公办理"的意思。

⑥ 咪话:粤语,"不要说、不要"的意思。

⑦ 做鬼都唔灵:粤语,"做什么都不灵验、没有用"的意思,也指没有人再信服。

⑧ 揸埋颈:捏紧脖子,意即忍气吞声。

⑨ 驳壳友:驳壳即毛瑟C96半自动手枪,"驳壳友"指持有该类手枪的盗匪、民军。

⑩ 攞命:粤语,"取人性命"的意思。

⑪ "甚"字疑应为"恶"字。

⑫ 冇:粤语字,"没有"的意思。

⑬ 烂靓:粤语,"自以为了不起"的意思。

第四劝

　　第四劝，劝吓①学界高明。今日有言奉劝，你地列位诸兄，你地才高学广、希贤圣，恕我唔该②冒昧，又把说话叮咛。自古道朋友相交，彼此都要就正，箴规惩劝，亦是理所当应。所以话，欲知妍丑须凭镜。待我把问题发起、等待列位公评。试睇生物界中，人作首领，人为贵重，万物皆轻，人有役物嘅特权，乃系天赋定，所以超离物界，都系靠在个点心灵。故此学者首要明心、先见性，然后判裁万有，审别粗精。格物致知勤察省，就可以主持万化，得意忘形。万事识得根源，方可脱颖；不可以无为有，盗取虚声。须知到读书乃系明理性，不可以书为市，挂住猎取功名。睇见有等毕业未遑，又钻弄戴顶；分明有玷，学界嘅名声。学优则仕方为正，未有毫无本事、就可以把政治经营。况且今日国建共和，基础已定；大众平权，冇乜重轻？商贾士农，各有各施本领；再冇话身居学界，就可把一切欺凌。试想你衣食两般，全仗人供应；唔耕唔织，已属格外相应（平声）。人地③辛苦揾埋，将你孝敬；常要想吓有何功德，可以福荫生灵。诸般学理，总要勤参订；考求新法，把实业来兴。指导国民开捷径，把生财妙义发阐伸明。此一担工程，应分要你受领；毋庸推诿，是分所常应。仰望你地列位主人翁，加意猛省，时自儆，他日福民利国，全靠你地列位高明。

第五劝

　　第五劝，劝吓富家翁。你生来命运确系唔同，大副身家财厚

---

① 吓：此处之"吓"字粤语意思为"一下"。
② 唔该：粤语，表示不应该。
③ 人地：粤语，"别人"的意思。

拥，真系钱多能使得鬼神通，所住的乃系雕梁兼画栋，所食的山珍海错味无穷。试问你的衣食住居，长世享用，不知费尽有几许人工。虽则你系有钱（仄声）驶人①，至得人敬奉；钱多作怪，故此自处尊崇。贫者因你有钱，就要居被动；想来道理，有的唔通。试想天地生人，并冇分轻重；方颅圆趾，一样相同。又天生万物，预备人来用；人人皆有分，一秉至公。及至后来，唔知边一个②作俑；佢就霸为私有，不准通融。只顾一己之私，唔顾大众；把地权割取，以遂自己私衷。人道自此凌夷，真系可痛；遂尔或为富有，或变贫穷。富者霸得良田万千垄；贫者立锥无地，只剩得两手空空。富者握住个财权，唔到贫者毓动③。要你为奴为隶，亦要勉强依从。后至阶级愈分，财嘅势力又愈重。贫人耕作，富者就坐享成功。坐食者安享悠游，耕作者不免饿冻，想来此事，实在天理难容。今日小弟有一言来敬奉，特来奉劝，你的富家翁。当知到天地生人，同是一种；平权平等，大众相同。切不可恃富欺贫，将人地作弄；更不可贪图重利，做晒个的冇阴功④。就系衣食住居，亦唔好把情欲纵；总要留心怜念吓，个的出力嘅工农。大树遮阴，凭你将福种；怜贫恤苦，都系望你的财东。你若恃有钱，欺负大众；任你有万两万金，亦当系臭铜。今日民生主义初萌动，咪话不遂你私图，就去反对攻。今日欲想望永久太平，就要开到嚟⑤一杠，一言警醒梦，望你把民生主义，切实依从。

第六劝

第六劝，劝农夫。你地身居农界，都算第一辛劳，耕芸灌溉多

---

① 驶人：粤语，"支使人"的意思。
② 边一个：粤语，"哪一个"的意思
③ 毓动：粤语，"动"的意思。
④ 做晒个的冇阴功：粤语，"尽做缺德事"的意思。
⑤ 嚟：粤语，"来"的意思。

辛苦，手胼足胝，总是气力功夫。夏暑冬寒都不顾，只望收成五谷，把口来糊。衣食嘅来源，由你手造；生计前途，算佢系至高。所以话农业个门、乃系家国大宝；本分要力谋发达，整顿规模。可叹近日人心多不古，但求逸乐，怕做辛苦功夫。估意话不织不耕，才是阔佬；竟将农界，视作泥涂。纵使家有良田，佢亦唔肯把农业务；只谋坐食，一味挂住收租。故此富者，买埋天咁阔嘅田土；贫者想话耕锄食力，可叹尺地全无。监住要共佢批耕，来讲路数①；情愿把租银奉献，都要揾的世界嚟捞②。富者就把地权垄断为圈套；我地农民无奈，就要做佢富家奴。日日辛勤，都系同佢积措（去声借用）③；积埋血汗，替佢长脂膏。佢坐食安居，为做米蠹；任得我地两餐唔足，子泣妻号。勤苦揾埋，养佢个财主肚；短衣缩食，都要顾住交租。想起番来，真正系唔公道；可怜世界，搅得咁胡涂。此事总因，全在地土；只为地权，全在佢的富豪操。想话把农业振兴，亦唔到你④展布；只为权操在佢，实系无法子更图。想话把农业振兴，以边一件为首务？平均地权，乃系法理最高。此事若行，农界就可以自保；免至俾富豪鱼肉，日日替佢辛劳。想话世界平权，当亦由此起做；先把地权恢复，做个入手工夫。然后农业可以自由谋进步，何限好；平均地权主义，算系农业界第一良图。

第七劝

第七劝，动吓工界同人。你地学成手艺就可以傍身⑤，制造诸般，应用物品；几多勤苦，至䞍⑥得个份工银。可惜近日洋货盛行，源源咁接引；被他搀夺，惨过剥肉抽筋。所有工艺多门，唔得稳

---

① 这句的意思是农民被迫按地主提出的条件批耕土地。
② 捞世界：粤语，"谋生、赚钱"的意思。
③ 措（去声借用）：粤语，"积累财富"的意思。
④ 唔到你：粤语，"由不得你"的意思。
⑤ 傍身：粤语，"安全、生计依靠"的意思。
⑥ "䞍"（wàn）本意为支财货，在粤语中是"挣钱、赚钱"的意思。

阵；都话世界难捞，冇乜用神。你估我地工界因何，捞得咁紧？内中原是，有两大原因。第一件因为我地工人，太过安守本分；成规死守，不晓得更绘。揸住个腐败嘅戈矛，来出去阵；点敌得人地船坚炮利，出出奇新。第二件因为我工界同人，财政太紧；无多资本，点样胜得他人？讲起资本个层，令我真正肉紧①；分明系我地工界嘅专制魔君。佢钱役鬼，何须问；总系我地工人用力，都系替佢辛勤。佢抓住资本财权，将我地箍到紧；工银以外，其余溢利都被佢兜吞②。我地日夜勤工，将钱（反读）揾；佢但安居坐食，就可以赚得大把金银。世界如斯，点叫得公允？佢霸自个财权，不肯泄漏一文。日日捉住我地工界同胞，嚟做老衬③；佢就日增财宝，我地要苦上加贫。今日我地工界，若然思发愤；可把民生主义，细寻真。工暇有余闲，当要寻学问；识得其中妙义，我工界就有独立精神。说话唱来，须记紧；《民生日报》，确系有益你地工界诸君。列位不妨多看几份，真稳阵；阐发民生真道理，确系有益于人。

第八劝

第八劝，劝吓各位行商。待我把民生主义，细剖端详。商业原来，有千百样；多等适合民生主义，亦冇与佢参商。待我发明，呢种新理想；得来研究，又与大众商量。商业本来，原属系高尚；点解④有人辱骂，话系市侩奸商？因为有等商家求利，只顾往自己荷包胀；全不念吓民生疾苦，挨到好凄凉。讲到商家宗旨，原系利在通来往；能令有余不足，两得平康。供求两地相消长（去声），把产地多余之物，运往销场。其中法理，本属相生养；并不是与民生主义，有半点乖张。独系世界奸顽，常有变相；佢把原来宗旨，渐

---

① 肉紧：粤语，"关切、紧张"的意思。
② 兜吞：粤语，"全部吞掉"的意思。
③ 做老衬：粤语，"当冤大头、当傻瓜"的意思。
④ 点解：粤语，"为什么"的意思。

渐消亡。睇见容易赚钱，就呠生妄想；私心丛起，就会反转心肝。买货入门，宜得白抢；故意把价钱抑勒，捉你劏①羊。你急在得钱，监住将佢钓上；平日几多辛苦；白白替佢嚟忙。佢买得货番，一定唔肯乱放；居奇垄断，又去作势装腔。揸住价钱，增到极长（上声）；你若急于求物，佢就入饱个荷囊。咁样嘅商人，真系不当（去声）；把我地平民朘削，长（去声）佢嘅田庄。佢所以做到咁嘅行为，不过系恃住财力壮；个种托拉斯行径，实系惨过豺狼。我奉劝商界诸君，唔好效仿；总要公平交易，至得事业荣光。垄断乃是贱夫，孟子曾有讲，唔系将人罔；总要顾住同胞安乐，咪话只顾自己私囊。

第九劝

第九劝，劝吓失业嘅平民。可叹家无长物，剩得一碌②孤身。饥寒捱尽，有谁怜悯？受尽多般咸苦，都系为着家贫。富者享尽锦绣膏粱，唔关佢份；借贷无门，好似断左六亲。重俾人家谈论，话佢唔思奋；重话佢不谋生计，至此得咁寒尘。个种居心，何太忍；自古话怪人须要，审问吓原因。试想贫穷两字，谁甘分？不过施工无地，点样赚得倒金银？人到饥寒，无话唔思发奋；怎奈素手无凭，监得有志未伸。你睇韩信当年，亦曾受困；若系不逢漂母，就要做个饿死孤魂。试睇佢当时受尽，多艰窘；竟然无法，可以安身。可知到不可以贫穷两字，论人品；只为无依失所，怕乜你本事超群？又有一种愚人，佢又深信命运；重讲话贫富由天，冇法子改更。如果真系由天，天未必有咁唔公允；此实唔关天事，实系作弊由人。试睇天生万有将人赈，一样平权平等，断无差分。既得为人，就应占一份；断无分开彼此，厚薄唔匀。后至世界人多，就生

---

① 劏：粤语字，"宰杀、剖开"的意思。
② 一碌：粤语，"一条"的意思。

出有各品；个种贪狼之辈，就一啖①兜吞。佢霸占既多，有的就唔使过问；所以受渠专制，就永作贫民。个阵立锥无地，向边处将食揾？所有人间万有，都要听富者处分。你欲想借贷佢分毫，都要求佢认允；若然唔允，你就拍手无尘。今日欲想世界公平，先要把贫富泯；欲均贫富，先要把地权均。免至无业平民常要受困，以后无艰窘；大家平等，永远做个自由民。

第十劝

　　第十劝，劝吓女界娇英。我虽系身为男子，亦替你地唔平。试想天地生人，同一本性；点解要重男轻女，太过唔应。虽系男女有别之言，出在古圣；但系佢所言有别，不过系把界限分明。佢界限虽分，权限亦可以相比并；并不是男权偏重，女权轻。试睇当日武王十乱操朝柄；个位王妃姜氏，亦可与佢九位齐名。可恨后来男界，有把淫威逞；恃强欺弱，就把女权倾。女界街②能干预国政；重要屈埋头髻③，困守在家庭。所有天赋之权，剥夺到干干净；就系祖父嘅遗资，亦要俾兄弟霸清。同系父母所生，何以分出别迳？就系做着爹娘兄弟，亦未免太过无情。点好强行专制，不许佢操权柄？令佢不能自立，总无半点怜。所以事事都要求人，不得不作依赖性；只为求人衣食，故此日困愁城。见世界如斯，点得为公正？男子咁专权，本属不应！总系你地女界同胞，亦要生吓性④；速图自立，早把权限均平。咪话只记得搔首弄姿，成日挂住扮靓⑤；斗妍争媚，似足一只狐精。俾男子作为玩物，系咁支整⑥；咪话得人爱悦，就算作第一光荣。深望你列位早除个种劣根性，免俾男人

---

① 一啖：粤语，"一口"的意思。
② "街"字疑应为"不"字。
③ 屈埋头髻：粤语，描述低头貌。
④ 生性：粤语，"成长后懂事"的意思。
⑤ 扮靓：粤语，"打扮得漂亮"的意思。
⑥ 支整：粤语，"讲究衣着打扮"的意思。

把你睇轻。必要做到男女平权,方是乐境;总要齐争胜,他日大家平等,共享世界文明。

——《民生日报》1912年5月4日、6日、7日、13日、14日、15日、18日、20日、23日、29日,6月1日"龙舟歌"栏

平均地权论

治 顽

按：民生主义，不专属土地一方面而言。然土地为生产之本，土地问题解决，则其他问题自可迎刃而下。故欧美学者，有专研究土地问题而不及他端者，其持论与民生主义，微有异同，而宗旨一也。兹篇多取其说，阅者谅之。记者志。

平均地权者，民生主义之要纲也，其目的以土地还诸公，使人各得均其权利而已。今欧美诸国，持此义而进行者，约分二派：（一）土地民有派，（一）土地单税派。

土地民有派，创之者为英儒倭内士氏，而太罗女史及海德诸氏辅之，以英国为根据地，而渐张其势力于各国也。其宗旨在由地主购还其土地，而使地方共同团体有之。共同团体若有所需，则给以土地若干，以为如是则生计可以自由，劳动赁金因之增进，土地生产力因之发达，教育养生等事业，亦因之而得美满之效焉。

土地单税派，创之者为美人轩利佐治氏，而约翰华、查理斯克力、约翰格士比及轩利佐治之子久尼亚轩利佐治诸人和之。此派英美最盛，全世界为之波动者也。其所主张，罢一切杂税，惟以土地之税代之，以轻人民之负担。其言曰：土地者天造，非人为也，人人得而有之。今以个人或少数人而专擅其利，殊非正道。然骤夺而取之，则于势不可行，策之善者，莫如仍土地所有者之名，而税其所赢，归之公产，其他杂税免之。使一般劳动者，得以自由营生，然后经济界，乃无所谓垄断，无所谓兼并。天下无告之民，始受平等之实惠，其利赖为何如耶？

之二派者，主张不同，而要有可以并不悖者。盖吾国现在土地，尚无大资本家为之盘踞，则买收自易。即不然，因地价之高下，定税率之多少。彼地主者，即不敢虚增其价，以重纳税时之义务；亦必不敢减匿其价，以损买收时之利权，其法未尝不可行也。而议者犹若有不释然，何耶？盖尝思之，得其非难之理由如下：

甲，非难土地民有论者。

（一）土地价值，总额过大，不能以单纯之买收法行之。

（二）买收时，土地价格忽高，则买收者有非常之损害。

乙，非难土地单税论者。

（三）单税不足以供全国之支消费。

（四）地税过重，则仍有害于贫民。

解决第一问题，须知买收土地，自有种种相当之手续在，或先给以公债券，而后偿还可也；或指定价格后，凡有增原定之价格若干者，悉以归公，然后随时买收之，亦可也。不此之审，而斤斤以财力不逮为言，不亦愚乎？且如议者之意，亦误以公债为不可行耳。不知土地之买收，为起业的公债，而非消费的公债。故其利率恒足以相抵，不惟相抵而已，借无尽藏之利数，而开拓之，而经营之，十数年后，所赢富不可以数计，又岂仅供清偿买收之费已乎？请以普鲁士征之，普尝为铁道国有而发行三十一万万二千五百万马克之公债，而千八百九十四年之统计，国有铁道收入九万万四千七百四十万马克，其支出五万万六千二百五十万马克，得纯益三万万八千四百九十万马克。至一千八百九十八年，则其收入增至十二万万零九百七十万马克，并余官业及国有森林、土地等收入合十五万万六千三百七十万马克，其纯益实足以供每年支给公债利息并偿还之用，获利之溥为何如也？

解决第二问题，须知买收之权，操诸共同团体，而地之价格，又以其原定之契约为凭，亦安在其可以虚增也？且欲杜虚增之弊，亦易易耳。如或需地之时，则自公布之日起，令所需之地，该地主不得临时变置，以授垄断者之居奇。即有居奇者，而审其价格，若与常率相去太甚，则买收者亦不妨图之稍缓，徐以俟其价格之平，居奇者自无所容其伎俩矣。况买收之目的，在于全国土地归诸公有，则进行手续，当以地之价格为前提，不当以地之位置为前提。故位置繁盛者，或以价格之高，而缓以收之者有矣。位置荒僻者，或以价格之贱，而急以收之者有矣。盖防资本家之专擅，不得不如是也。

解决第三问题，须知地税之界则，盖所谓地税者，不仅指田赋而言也，有山林间地税、铁道地税、宅地税，三者之外，若池塘、溪涧之地，皆有地税。吾国向来所收入者，大都不出田赋一项，故国用恒苦不足耳。使并山林矿地、铁道地、宅地、池塘溪涧等地，而一一征之，又安在单税之不可行乎？试以已事言之。前清政体昏浊，而赋率最薄。除苏松四府外，大约十余取一，或二十余分取一。而稽其岁入，当承平时，田赋总额，或至五千万余两（此据《通考》乾隆三十一年而言）。此外折色、补平等费，其数又大率类是。则吾民之岁供于政府者，实额已不下一万万余两矣。若夫山林矿地之税、铁道地之税、池塘溪涧之税，收入至微，尚无可考。宅地一项，则近年以来号为房捐，城镇之地有之，而乡僻则未也，然使拓而大之，则其岁征亦有可以预算者。兹据宣统三年民政部汇造京外第二次查报户数清册，节其大要如下。

地名	正　户	附　户
京师	六八五六一	七〇〇〇九
顺天	六〇〇七九七	九一八九九
奉天	五四九九一〇	二四九九二六
吉林	四二二七八一	三一六六八〇
黑龙江	一四五九二九	九五〇八二
直隶	三六七七〇六七	五五七一六二
江宁	二八一五九四八	三九七五三五
江苏	一六九七四四九	四七二六二九
安徽	二四八六八九六	六五四二八八

续表

地名	正 户	附 户
山东	五一四三六九九	二三四一七三
山西	一五二〇〇三一	四七〇〇〇四
河南	三九六九三〇七	六九二二五八
陕西	一三一九二一〇	二八二二三四
甘肃	七一一〇〇〇	一九五六三九
新疆	三八五八四五	六二九三四
福建	一六九九〇六七	六七七七八八
浙江	二五二四六三五	一三六三六七六
江西	二三二四六五〇	一一一五二二三
湖北	四一八三一七九	七四九三五四
湖南	二五七四一二八	一七一四〇三六
四川	二三四〇四二九	九三七九九二
广东	四三五八四七三	六八三三〇七
广西	一〇九七五三九	七七〇〇五
云南	一三二八二九二	二一九七二二
贵州	一六三四七八二	一三六七五一
京城二十四旗	一一八七八三	
内务	四五七一	
京营四郊	五六五三六	一七六五六
左翼四处	四八六	三六八
右翼五处	五三六	二四〇
东陵所属各旗	二九八一	一二二五
西陵所属各旗	九〇八	一三八
马兰镇营	五八六	三四〇
泰宁镇各营	二二〇九	七六六
热河各蒙旗	五四九九四	二七六四
直隶提督所属	五二三	
驿站		
察哈尔所属	一二九八〇	

续表

地名	正户	附户
密云驻防	一九三五	
山海关驻防	一九四九	
江宁驻防	一五二三	二九二
青州驻防	二四〇五	
绥远城驻防	二七六五	
西安驻防	二五二五	一三七五
宁夏驻防	六〇七	
凉州驻防	七九四	
伊犁驻防	一三二一四	
福州驻防	一七四三	五四六
荆州驻防	六〇九二	
成都驻防	二五一六	一三四一
广州驻防	六八八五	三七五三
乌里雅苏台所属	一三四四四五	
塔尔巴塔台所属	三八八七	
科布多所属	一七一〇八	
西宁所属	一二二一	八一一
库伦所属	四〇一〇五	
三滇边务所属	四六三六二	二五三一
总计	四九九三二八三三	一二五五一四三二

据右表观之，其原表附注，犹有不可不知者四事。

一、奉天全省府、厅、州、县，共计五十五属，凡上年已报者，此次概未列入。又醴泉一属，蒙旗尚未调查，故只列二十八属之户。

一、四川省户数，有八十九属，上年已报，故只列五十五属。

一、热河所属各府、州、县户数，尚未咨到，故仅列咨到之蒙旗户数。

一、杭州、乍浦、京口驻防户数，咨报逾期，故未列入。

综此四因，故吾国户数，除附户不计，正户总额，已达五千万余矣。夫以五千万余之户，平均核计，假定每户地价七百元，值百抽一，岁入可三万万余元，加以原有一万万余元之田税，若并按照地价，以为课率，则岁入又可得六万万余元。（按吾国地税、吾粤最为得中。盖吾粤地代，上者岁入三两至四两，中者二两至三两，下者一两至二两，平均计之，则每亩二两五钱。而地价则每亩四十至五十两为中值，地税则每亩率六分，加折色、补平等费，约计一钱二分。是地税之于地代为二十分之一，地税之于地价为四百分之一。以此为例，故全国地税，岁入可得此数。）是二者岁入之总额，就现今言，已不下十万万余元矣。况地价增率与物质进化为比例，十年以后，物质逾进，则地价亦逾进，其收率当增一倍。二三十年后，物质愈进，则地价亦愈进，其收率又当增一倍。然则孙中山先生所谓地租一项，将来可增至四十万万元者，非过言也。以四十万万之岁入，而虑其不足以供全国之支消费，有是理乎？

解决第四问题，须知地税之课率，以地定，不以人定。富民之占地多则税率大，贫民之占地少则税率小，又安足以为害者？且议者以单税为病民，亦知非单税之尤病民乎？前清自道、咸以后，厘税而外，杂税繁兴，不可指数，而吾粤尤甚。计其岁入总额，不下三千余万，而暗蚀于官吏者倍之。其间属于地税者十之二三，余者率皆杂税耳。若以人口为例，每人岁纳当在三元以上。今行单税法，则所税尚不逮此，又果孰轻而孰重也？抑所谓地税过重者，将以现今言耶，抑以二三十年后言耶？如以现今言，则吾国四万万之人，而负担十万万之税，贫民所出，当不足二元。若以二三十年后言，则是时人口当增一倍，九万万之人，而负担四十万万之税，贫民所出，当不足四元，较之英法德日诸国，其负担为已轻矣。故吾谓单税之法，无论为比例法，为累进法，而于贫民均无害，可断言也。

或者犹有疑乎，吾请更以数语进。夫吾国士夫通病，在于喜因循而恶纷更，故桑宏羊之均输、王荆公之青苗保甲皆以利国，而世争诉之。即如十年以前，民族、民权之说出，士夫多视为狂吅，有掩耳而不欲闻者。然则今日之言民生主义，与前者之谈民族、民权何异焉？宜乎俗人之却顾而走也。

——《民生日报》1912年5月6日、8日、10日、13日"论说"栏

争起于有余

芸

争常起于不足，惟资本家之竞争，则起于有余。有余之故，遂生垄断，垄断之甚，遂至专擅。十九世纪下半期，物质进步，一日千里，大地主之奴隶平民，何莫非盈满为患乎？

夫盗贼未兴，尚不可不筹防盗之策；疠疫未发，尚不可不筹消疫之方。今日中国虽无大地主，宁可不防其流弊耶？

——《民生日报》1912年5月7日"短评"栏

人类生活程度之进化

云　生

洪荒之世，人类与禽兽杂处，渴而饮，饥而食，卧则呋呋，起则吁吁，俱仰给于自然界之物产以讨生活。蠢蠢然，狉狉然，与禽兽无异。及后人类渐繁，战胜禽兽，遂成人类社会。然犹是构木为巢，穴土为室，衣皮裹革，饮血茹毛，依随水草，追逐禽兽，是为游猎世界。征诸东西各国古史，无不皆然，即今日琼州之生黎、台湾之生番、美洲之赤种、非洲之黑人，其伏处山林未经开化者，尚有此俗。此人类战胜禽兽后，为生活程度进化之第一级也。

其后圣哲代作，饮食衣服宫室之制，日渐讲求。以我国论，自农氏艺五谷、兴蚕桑，轩辕氏制器用、作宫室，于是种植、畜牧、织造、建筑等术，日有发明。曩日之仅依气候之寒燠、土地之燥湿，仰给于自然界之产物以讨生活者，至此而加以人工，改良其食品，保卫其身体，以战胜土地、气候之燥湿寒燠，而增长其生殖力。此人类战胜土地、气候，为生活程度进化之第二级也。

自时厥后，土地渐辟，人口渐增，物产之供给，恒告不足。于是农、工、商之术益加讲求，以弥补其缺乏。研究动、植、矿物之性质，辨别地带、土质之所宜，阐发轮栽、肥料之方法。昔日十亩之地，可以养一人，继则可养数人，或十数人，此农业之进化也。农业之生产物，从而分析之，化合之，雕琢之，冶炼之，以利民用者，必有赖于工。自声、光、化、电之学日兴，蒸汽机械之用日广，则由人力而改用自然力，由于小手技而变为大工场，此工业之进化也。农以产之，工以成之，各地出品，日异月新，以供世人之求。特各地品物，彼此不同，人间需要，亦无一定。非求过于供，即供过于求，或则有余，或则不足，于是贸迁有无之术，研求益精，操奇计赢，以争市利，商船贾舶，纵横五州①，古所谓日中为市，交易而退，各得其所者，至是则圜阓云连，百货鳞萃，熙来攘往，朝夕不辍，此商业之进化也。农、工、商业进化之迟速，即其国人生活程度高低之所由判，是以农与农战，工与工战，商与商战。战②者其生活程度日益高，战败者其生活程度日益低，于是生出贫胜富悬绝之阶级③，渐成为富人专制之时代，此人类生活程度进化第三级也。

富人专制，则富者愈富，贫者愈贫，于是有国家社会主义、单纯社会主义、世界社会主义纷然竞出。人类生活程序进化，其阶级正未有艾。我国现在人民生活之程度，尚在第三级之初期。我国人与欧美比较，未免相形见绌，此无容为国人讳也。丁此农、工、商战剧烈之时代，我国人不急起直追，恐吾人之生活，将群仰外人鼻息，以期分润余沥，何以自立于世界？况军兴以后，经济日益困难，民生日益凋敝，茫茫禹域，将同陷于贫乏之悲境。此民生主义，实为今日救国救民之良剂也。

——《民生日报》1912年5月8日"论说"栏

---

① "州"应为"洲"。
② "战"字后疑漏印一"胜"字。
③ 原文如此。

叹民生

慈 悲

真可叹，世间如斯！讲起民生两字，不堪提！记得满清昔日行动专制，抽剥重重实觉惨凄，苛细杂捐无处不系，当得我地同胞贱过泥。幸得志士仁人齐奋厉，提倡革命、痛哭声嘶，第一个黎公热血尤难抵，武昌提义要把丑类歼齐。

讵料胡运告终先已退位，民国旗飘五色辉。估话生计从今唔驶咁弊，唉！岂料葫芦依样，都系咁样子行为。今日现象如斯，真翳肺；满途荆棘，问你向边处依栖！抢劫天天难以数计，做乜军队如林佢都敢乱嚟？江河梗塞交通滞，行商裹足叹道不如归。米似珍珠薪似桂，你话贫民觅食怎不悲啼！重有殷富之家还闭翳，掳人勒赎当作偷鸡。任尔产业虽多无所谓，银根短绌大局同危。市面萧条尤恶睇，货物难消，就要把价折低。商业坏到如斯，唔系事细；若唔整顿，讲乜拯救群黎？

唉！岂有英雄做出咁嘅穷时势，大抵败群人物公德多亏。党见不消同恶共济，争权夺利私益为提。独有黎公痛哭长流涕，忠言迭告早已深窥。谁料薰莸异味难同例，一于唔听，好似发了烟迷。但得做官容乜易富贵；金钱到手驶怕难挤。我想国家行政经常费，个个都系同胞血力博嚟。若系稍有人心，须要顾住大体；民血民脂，岂可乱挥！边个唔晓得做官原系好偈，总系实业唔兴国势怎维？今日同胞多数皆穷鬼，任得你发达人员阔到无（仄读）稽。只怕不义多行会枪下毙，有样你睇，莫谓毒言来咒詈。试问贾生长太息，究竟何为？

——《民生日报》1912年5月8日"南音"栏

论治粤政策亟宜维持人民之生计

茹 沧

——欲裕人民之生计非先谋靖乱不可
——欲谋靖乱非先求治人与治法不可

粤以和平反正，兵不血刃而告厥成功。其时商不改肆，农不易畴，工不辍业，士不废吟诵，三千万人亦既各依据其原有作业以为生计，虽承满清末造生计困弊之后，不免有所不足，然亦未至于一蹶不振也。自盗贼横行，江河堵塞，百货停滞，薪米桂珠，由是一般食力之民时虞冻馁，而各处村乡之妇叹于室、农号于野，又复惨不堪闻，谈时局者所为痛心疾首矣！其尤甚者，财政告荒，现银奇绌，市面流通惟资纸币，零碎找赎既形不便，加以信用未孚，价值低减，辗转折换，商民既不易取偿，而买入各货又多以现银交易，资本不厚者将相率倒闭，而经济界益以恐慌。是宽筹广东今日人民之生计，固谈时事者之先务，亦国家刻不容缓之图也。

夫兴工艺、辟路矿、广植牧之寥寥数大端，非经济家之常谈耶？然今日之一般资本家方且高举远引，视内地为畏途，虽多有金钱，亦只寄诸外国银行为保守计，一身且不敢居留内地，又岂肯谋内地之作业以利益同群？如是，则地方一日不静，资本家一日不出，商务一日不振兴，民生一日不优裕，芸芸众生苟欲衣食而休养之，诚非先从靖乱着手不可。

即以银根短绌一事，论其原因，实由于地方之不静，而非尽由于抵押之不足。往年省城银号共百有余家，此收彼放，轮流不绝，而当①家巨室，亦乐出其余资以图息利，故能周转灵通，不虞匮乏。

---

① "当"字疑应为"富"字。

自粤局不静,盗贼滋多,本省银号所未倒闭者只三十余家,而此三十余家又只有收无效①,故全城实无一银号。富家巨室又宁愿将现金监禁,不别图生息。故必使地方确实平静,盗贼无窃发之虞,大局无意外之惨,人人皆安心乐意,别无可虑,然后前之视内地为畏途者,今乃转视为乐土,而经济界乃有可言。否则日肆空谈,固无济也!

然欲地方之大治、大局之大定,又非可以无治法与无治人也!我中国数千年政史,大悉倚重治人,故人存则政举,人亡则政息。而治法则开国之始即须组织完备,从未有凌乱因循有如今日者,盖徒有破坏,毫无建设,又何以使地方日即于治安?今吾粤用人不为不多,而曾有所作为、有所布置、有所议论者曾有几事?能确有振作者,曾有几人?此实由用人之制未定,故侥幸干进者不绝于途,而身居政界者大都无甚过人之才识,故至于是。

夫全粤治安,固责诸大吏,而州县治理,必资之民政长。今各属民政长果能各治该县,使无盗贼之侵扰耶?昔子游为宰,孔子诘以得人,故县长必得资助于乡人,乃是以图治。往者亡清时代,各乡均有公局,有乡绅,虽积敝甚深,亦固一乡之办事机关,而县长之所相助为理者。自反正而后,从前正绅既多遭盗贼蹂躏逃亡殆尽,其未遭挫折者亦自以所得亡清头衔不足摄服乡里,且鉴于前车,不复敢挺身任事。于是地方办事机关扫灭净尽,县长纵欲得人咨商,苦无所适从。故盗贼之横行,除当场捕获外,直无从制止,此地方之不静,固所由来,而亦治法之未备有以致之。

然则治法与治人,固不能不从事研究,冀地方早一日之治安,商业早一日之发达,民生早一日之优厚也。为今之计,宜先注意于用人,应令各县选举民政长。凡被选得十票以上者均由民政司分班考试,以瞻其言论、学识,考其人望、品行,然后择其最优者若干人,交附该县复选,乃试使任事,其有不当者,仍随时改易。如

---

① "效"字疑应为"放"字。

是,则庶几得人矣!再令各乡选举乡正若干人,与县长声气相应,以规复各乡办事机关。盗匪如敢仍前猖獗,即须大举清乡以除尽恶人,还我净土,则粤其有艾乎!不然,吾不知乱之伊于胡底也!

——《民生日报》1912年5月9日

组织中华民国国民公立兴业银行之缘起

　　民生主义、以拓地、垦荒、殖产、兴业为目前之要务。吾国西北土旷人稀,而东南人满为患,农无田而可耕,兵无法而退伍,民生坐困而工商业亦因以不振。际兹民国初立、放马归牛,满目疮痍,徒使天予之富不获而享,同人等所由深慨。民国前途极为危险,若不及今图救,则民生国计更不忍言。惟是拓地、垦荒、殖产、业兴,非合群策群力,凑集巨大资本,先行开办银行,其事必不能办。盖银行总握财政之枢纽,实业系焉,如人身之气血,气血流通,筋络方能活泼。夫可知银行乃实业之机关,然则我四百兆同胞所当亟为开办银行者也明矣。同人等是以广邀同胞,组织中华民国国民公立兴业银行同志会,分担责任,竭力提倡,或借重盛名为赞成,或借经济为创办,务使该银行卒底于成,亦曰稍尽国民一分子之天职,思有以苏民困、维国本焉已耳。惟材力绵薄,难期发展,尚冀同胞绅、商、工各界鼎力协助、随时赐教、踊跃认股,从此民生主义可以实行,而国利民福亦端在于斯。

国民公立兴业银行之草章

　　一、本银行在省港招集本国各界殷实人民,担任巨股及招集众股者为创办同人。

　　一、现暂在香港上环海旁干诺道中第一百十九号,即公益银行三楼为总机关办事处。

　　一、现拟组织完全国民银行,先图易于举办,免分两歧,期达目的。俟招足创办人,公议妥善进行,以广州为总行,香港为支行,然后推广上海、汉口、天津、北京、省会、各通商口岸、南洋洲府，先通本国，后通外国，以期挽财政而兴利源。

一、拟招股本一千万员，每股银五员，先收一员，为普通股，其余四员俟示期开收，然后转换股票。如一次交足四员者为优先股，将由董事限额止截，过额不收。

一、国民股每股交银一员，换给钞票一员，借资彼此流通者为国民股，随给与国民股票乙张，将来红利分别均沾，无本分利，即商场所谓红股也，皆不收外股，以免交涉。

一、创办人须占有本银行股本银二千员，或代招股二千员，要名下实占股二百员，俱作为创办董事。

一、本银行办法按照商律办理，至于办事章程，均照列强国家银行办理，未开办之前所收股银，俱交外国银行贮理。

（四）[①] 赞成国民公立兴业银行之团体：香港番邑华侨工商公所、香港四邑商工总局、香港金山庄行、华安公所、平安公所、中国机器研究总会、港报界公社、驻港筹款局。

（五）赞成国民公立兴业银行之个人：孙文、孙寿屏、胡汉民、阮荔邨、梁如浩、李准、冯华川、杨枢、韦宝珊、陈宜禧、黎季裴、李煜堂、苏星渠、韦朗山、周寿臣、王宠祐、王宠惠、谭亦侨、周从龙、吴东启、车茂轩、戴楫臣、李耀堂、麦礼廷、邝达渠、余彬南、余日如、袁英山、刘小荃、廖仲恺、冯达宸、杨允臣、唐子修（未完）[②]。

——《民生日报》1912年5月15日"专件"栏

[①] "（四）"与后文之"（五）"均原报如此，前文未见有（一）至（三）。
[②] 在现存之《民生日报》未见刊登后续名单的报页。

论地权之原起

锈

地本无权,地而有权,必始乎争夺也。争夺则惟力是视,强者得而弱者失,得者喜而失者悲。人类之最不平等之争莫过夫此,人类之最可悲之事亦莫过夫此。今欲为人类谋平等、祛悲痛,吾知必自平均地权始矣。如欲平均地权,不可不知地权之所由自,知地权之所由自,则知平均地权为今日记得不容缓之举,亦吾人最公正之行为,最应尽之天职也。

夫地无私载,既载我矣,则我应有地权之一分子,当无轩轾,本甚平均也。虽然,未尽也。夫我应有之地权,非仅载吾躯而便足也,养吾体、供吾用皆赖焉,当知我所应有之地权,必待能载吾躯、养吾体、供吾用,而后始足也。然观社会中人,对于所有之地权,果得满足者,殆万千中无百十。岂地少人多,而不足均乎?毋亦强者有余而弱者不足耳。是之谓不平均,然所以至此不平均者,必有所由自。

粤自地球凝结,山海肇形,不知几世几年,始诞生人类。当乎亚当、夏娃之世,全球之所有权,尽属于亚当、夏娃之所有。但尽有而不能尽用,虽曰有权,直与无权等,斯时固无所谓地权,更无所谓平均不平均也。迨后人类渐蕃,赖地力以养生者,渐以需多,故从事开垦者,亦渐以增广。然此时之地,悉取自天然,垦之即可为其所有,即为所有,即有其权,所谓地权者,即肇夫此。但斯时也,天然之地尚多,贪得之心未炽,人先垦此,我尚可顾而之他,均之有余,纵握此所有权,亦未足以骄人也。此时所有地权,不过攘夺天然之物,以为私有。虽多攘夺,亦未足为人群之害,然而化公为私,已隐种不公不平之恶因矣。

惟地土有亢湿瘦瘠之分，人格有贪廉勤惰之别，邻肥我瘦，贪妒之念由生，此界彼疆，尔我之争逐起。阴而蚕食，阳则狼吞，贪而狠者，尽估膏腴，廉而懦者，仅余硗薄。占膏腴者日以富强，居硗薄者日趋贫弱，由阶级之愈分，去平等而愈远。此时之地权，降而人与人争，弱者不敌，即硗薄之区，亦渐为强者所篡夺。而地权尽入强者之手，弱者且无立锥，强者执此地权，以役弱者为之奴隶矣。

今之握地权者，虽由金钱代价而得，与夫争夺而得者，各有不同，惟去古已远，辗转相售，逐忘其所自耳。若推而究其始也，谓非出于争夺而得者，我不敢信，由之谓地权之所由起，知地权之所由起，则可与言平均地权矣。

——《民生日报》1912年5月20日"论说"栏

中国社会党各部事务所地址表

上海本部云南路仁济堂。
南京城内毗卢寺。
苏州玄妙观真人殿。
淮安八字桥海会庵。
常州青果巷阳邑庙文昌宫。
镇江兴汉报馆。
扬州南柳巷。
长沙教育总会侧贤良祠。
南昌孺子桥大声报社。
绍兴城内诸善弄高字公会。
泰县城内大真殿。
广州仰忠街进步党旧址。
平湖汤家滨礼安堂。
芜湖大马路。
嘉兴城内精严寺。
宁波右营校场冲虚观。
海盐西门外曲尺弄。
武昌小朝街四十一号。
台州府学尊经阁。
汉口徐花楼致忠学校。
汉阳凤凰庵尹氏试馆。
常熟邑庙花园内。
海安镇泰州海安城隍庙。
嘉应上市。

福州城内南离总管庙。

中洲镇书院街定远徐宅。

余杭葫芦桥河下汉民日报分馆。

无锡前洲北七房武林诸寓。

杭州水亭子学宫文昌庙。

江阴城隍庙上芜堂后河庭。

清江河北华祖庙。

大通二道街江西会馆。

萧山西河下。

昆山后街三十九号。

泉州新门外树兜邮政局。

长安镇市内。

六安祝司巷。

南通州城内天宁寺水神殿。

高邮城内节孝祠。

六合县城内。

梅州城内。

庐州县城内。

荡口镇市内。

新市灵泉山觉海寺。

十二□栈后街罗寓。

黟县古筑村武溪小学转。

嘉善文昌宫。

邵武东城内嵩山寺。

兴化儒学街桃李园。

天津醒报社。

汕头大柘乡乐英学校。

海门新堂。

浦口城隍庙。

安庆百花亭蒋公祠。

崇明县城内。

宿迁小南门内赞化宫。

重庆禾花街酒帮公所。

厦门市内。

丹阳许鸟巷。

松江自治公所。

沙市安荆会馆。

嵊县西后街胡公馆。

乌青镇青东后街。

景德镇商船分会。

滁州南门内万聚栈。

隽阳城内雕楼巷。

石门城内教育会。

新篁镇比施王座。

路桥路桥寺内。

太仓大东门内边巷弄杨承荫堂。

宁国松太和钱庄。

南陵城内十字街旌德会馆。

镇海城内公善局。

湖州右文馆财政部。

浦东三林塘三林学校。

钱江洋洋桥汪□兴木行。

蕲水熊正兴布号。

临海县城内。

蒲圻城东张王庙。

岳州岳阳日报馆。

江陵南门大街一百另九号。

普陀西竺庵。

菱湖菱湖商会。

邳州城文庙。

平阳官立小学。

开封书后街第一迎宾馆。

黄州方家巷九号。

秣陵祠山庙。

姜□同化学堂。

东台三昧寺。

盐城大同寺。

任阳基督教会。

太城南城晏公庙。

——《民生日报》1912年5月20、21日"专件"栏

德国社会党之胜利

——本年正月之总选举

祝平 译

德国于正月十二日第一次选举,自二十至廿五再行复选。德国之选举法,凡当选者,不过总投票数之半不能有效,若候补者之得票不及此法之定数,则以其最多票者二名再行复选。德之政界,小党分立,故第一次选举后,往往多行复选焉。

第一次选举之结果如左:

党名	当选议员数
国民自由党	四
保守党	二七
帝国党	五
经济会	二
中央党	八一
波兰党	一四
社会民主党	六四
爱路札士党	二
路透林铿党	一
进步民党	
德国改革党	
德国农民党	三
伯伦农民党	
威尔佛尼党	
其他	三
合计	二零六

德意志之国会议员数，原为三百九十七人，第一次选举，当选者止得二百零六人，所余一百九十一人，不得不由复选定之。兹将各党派应行复选之选举区列左：

党名	当选议员数
国民自由党	六七
保守党	四六
帝国党	一九
经济会	一二
中央党	二九
波兰党	一〇
社会民主党	一二〇
爱路札士党	二
路透林铿党	二
进步民党	五七
德国改革党	三
威尔佛尼党	五
其他	一〇
合计	三八二

第一次之选举，社会党及与社党同调者，独占优势，实出意外。保守派之中坚为中央党，当选者虽得八十一名，而得参加于复选者，不过二十九而已。

社会党则反是，当选者得六十四名，而尚有一百二十三选举区以行复选也。且也第一次选举不得一人之进步民党，而复选时有五十七之选举区，国民自由党亦有六十七之选举区。德皇颇为不安，正月十七日，特召首相贺路威尼密议，于第二次选举时，筹对待社会党之策。于是招集各党首领，其应招者，则有保守党之希的波拉吾及柏平海、中央党之赫路尔、国民自由党之薛非路博士等，进步民党即急进党之别名，最与社会党接近者，亦欲派代表到招待会，首相拒之。进步民党之机关报，大表同情于社会党，若进步民党、国民自由党与社会党联络，则保守派无难失败。故第二次选举前，德之政界，非常注意于将来当选之人物也。

选举之结果，当时由外国电报传至者，不无多少之误，今特再揭之。复选后各党之当选议员，其数如下：

党名	现议员数	前议会议员数
国民自由党	四四	五一
保守党	四三	五九
帝国党	一四	二五
经济会	一〇	一八
中央党	九三	一〇三
社会民主党	一一〇	五三
爱路札士党	五	五
进步民党	四二	四九
德国改革党	三	三
德国农民党	二	〇
伯伦农民党	二	〇
威尔佛尼党	五	一
其他	四	七

由此观之，社会党之增加最为显著，其他之大政党，一时均蒙其影响，然只就当选议员之数，尚不能知各党之实力，故吾人不可不稽察各党之投票数也。而其投票数，则以第一次之投票最为适当，今将第一次选举，各党所得之投票数列左：社会民主党四二三八九一九，中央党二零一二九九零，国民自由党一六七一二九七，进步民党一五五六五四四，保守党一一四九九一六，波兰党三六五零八七，经济会三一七二八一，爱路札士党八四一一三，威尔佛尼

党七六九二二,伯伦农民党四八七七五,德国改革党四六八八二,路透林铿党三六三九零,德国农民党二八五三五,其他一一五九一四,合计一二一八八三三七。

社会党之投票数,倍于中央党,而其选出之议员数,相差不远。国民自由党选出之议员止及中央党之半,而其投票数亦相差不远,若以投票数表示各党之实力,则社会党之实力实出世人意想之外,无可疑矣。

——《民生日报》1912年5月23日、24日"译件"栏

均地权以宏资本论

锈

平均地权者,民生主义之最要最大问题也,此问题一日不能解决,则民生主义一日不能推行。故孙中山先生欲实行民生主义,首重于平均地权,知其要也。自此问题发生以来,而议者尚有鳃鳃过虑,未能释然于怀者,记者实与之评论焉,悉欲探知其疑团之所在,思有以解释之也。

议者若曰:"民生主义者,非资本家之所恐怖者乎?迩者民国新成,百业待举,所最要者,厥惟资本一途,今为国计民生计,正当保护资本家,俾其乐于投资,以兴百业,讵可令之恐怖,以致裹足不前也?且都邑之市场、郊外之原野、兴筑开垦,又莫不仰赖于资本家之投资,一旦惧于平均地权之议,则将深锢闭藏,隐而不发。吾恐待业之民更无所以施工取值,国家之岁入或因此而骤至短收,其于国计民生,皆有所未当也。"

记者曰:"不然,民生主义者,不欲以群内之公有,归诸少数资本家之手,致损害大多数之民,故立法以限制之,使不能纵无餍之欲,非夺取其现有之资本也。所云恐怖者,惟已成立已操权之大资本家则然,若中下之资本家,得此而免大资本家之蚕食,正当乐就之不暇,又何恐怖之足云?今以吾国现象而论,所谓大资本家者绝少,类以中下之资本家为多,吾敢决投资者,必不因是而裹足也。欧美之大资本家,有握其财权以左右世界者,而谓我国现在之资本家能之乎?今虽未能,若更长其势力,又恶知其不能也?则今日民生主义之提倡,正逢其会,曲突徙薪,尤宜早计也。"

且资本者,用以窥后利者也,非有特别之变故,必无闭锢深藏而自塞其生利之途者。即以近事而论,自反正以来,银根骤形短绌,议者逐以为资本家闭锢深藏,不知贷出于银行者几千万也,此盈彼绌则有之,隐而不发则非也。迩者大局已定,资本家久困于廉息之银行,其窥利之心早已怦怦欲动。但经此次之恐慌,且商场元气尚未大复,资本家择安全之业以投资,其注意于地皮者,必居多数。盖吾国人有一种最陋之习惯,其趋重于地皮之观念甚深,每以置地收租为实业,以流动资本为浮财,财而曰浮,显含一种不甚安全之意味,故每有宁置收租一二厘之地皮,不愿贷诸银行、银号,以取四五厘以上之利息者。试问所谓富家殷户者,每以某也食税若干顷对,不知资本一入于地皮,已成为固定,不可复为流动矣。故资本而藏于地皮,虽多仍不显其用,与埋财于地者所差一间耳。其于待业之民,且有何益?遑论其有益国计民生也哉!

资本埋没于地皮,不能有益于国计民生也明甚,不徒无益而已,且将为国计民生之害焉。夫地租之常额,必视乎该地出息之多寡以为衡,非因于地价之高下而定也。虽然,地权平均则然耳,若使地权操自一二大资本家之手,则又每过其常额。何以故?以言农,农不耕则无食,操地权者故昂其租而厄之,农虽知租昂而利薄,惟不耕则无食,则将有无可如何,而作剜肉医疮之计。惟商亦然,其于厉农厉商,亦已甚矣!

如能立法以平其权,使不得滥用,则资本家知地租不能甚过其常额,乃不敢过增其地价,致贻重税之担负,地皮之竞争自免,则其所投之资本,不得不转向农商诸业,而资本之用自宏,其额虽或未增多,其用则甚为普遍,待业之民方受其益,国计民生亦由兹而充裕矣。

——《民生日报》1912年5月27日"论说"栏

中国之民生主义

凡 夫

近世以来，民生主义盛于欧洲，蔓延于日本，吾国之学者则鲜有所闻。或闻之矣，或竺①于故见，辄以为吾国之历史风俗与他国不同，万不能以民生主义施之者。呜呼！何昧昧也。夫三代以降，授田之法均属失平，同为一国之民，而劳逸苦乐绝异。贫贱者义务既重，权利转轻；富贵者义务既轻，权利特重。此诚事之可痛愤者。富者损之，贫者益之，正吾人所有事，奈何以风俗历史自诿也？且论者所云风俗历史，与民生主义不相当，其论据至为薄弱。何者？民生主义实缘于阶级制度而起，故欲解决此问题者，不可不于吾国之阶级制度一考之。

吾国阶级制度，自秦以前，大略与西国相同。他且勿论，其荦荦大者，则宗法制度、农仆制度是也。宗法之制，始于唐虞，至夏殷而渐备。盖君主既为王室之宗子，而君主之长子袭为大宗，故即以长子嗣君位。次子为小宗，次子之长子袭小宗，其次子则为群宗，小宗、群宗咸不得与大宗齿。故父位必传长子，长子必绍父位，弟必尊兄，兄必蓄弟，诸侯以下，其宗法略与天子同，故世袭之基以定。降及平民，亦各推其祖之所自出，祀为始祖，以长子主祭，遂为一族之大宗，小宗、群宗咸不敢与之齐等，尊卑之位，缘以是区。此阶级制度之证一也。农仆之制，始于轩辕，至周而大备。盖涿鹿之战，有苗败北（蚩尤为苗族君长），黄帝因其习惯，使之力田。（《龙鱼河图》，言蚩尤食砂石，即米谷也。此农业始于苗族之证。又《尧典》，舜谓稷曰："黎民阻饥，汝后稷！播时百

---

① "竺"字原文如此。

谷。"是食谷为苗民之习惯，即力田为苗民之习惯可知。）及井田制立，举天下之田归之天子，而天子按亩授民，以行画井分疆之治。虽其间有共田、均田之名，而人民三十受田，六十还田（《韩诗外传》），是田仍非人民所得私有，直不过贵族之农仆而已。农仆之贱，上不得与士比，故兵权、政权既有所靳，（古之农民，多以异族之虏俘为之，故不得享有政事、兵事之特权。观商鞅治秦，诱三晋之人耕其田地，而使秦人应敌于外，即其遗制。又，后魏之待汉族亦然。）而教育亦不之施，（古者民与百姓之阶级不同，所谓民者，大率以农夫该之。《说文》："甿，田民也；氓，民也。"氓、甿古通。盖民为贱族，百姓为贵族。故舜命契敬敷五族，以教百姓；命稷播种，以食黎民。是百姓欲其有教，民则听其无教也。故汉儒之释"民"字，或训为"瞑"，则民之不学无术可知。）此则阶级制度之证二也。

缘此两因，故贫富之差愈甚甚，尊贵者日以富，卑贱者日以贫，此亦事所必至也。嬴秦氏起，封建变而宗法湮，井田更而农仆废，阶级制度，遂以破坏。然行之无术，其害仍未尽除也。汉兴，因秦之敝，是以蜀之卓氏、齐之刁闲，皆以蓄奴致富，其不蓄奴者，则赁民为佃，而佃民之苦，等于奴仆。故王莽之令曰，汉氏减轻田租，三十而税一，而豪民侵陵，分田劫假，（颜注："贫民耕富人之田而分其所收，是之谓分。贫人贷富人之田，是之谓假。富人陵贫民以夺其耕，是之谓劫。"）厥名三十，实什税五也。董仲舒亦谓今耕豪民之田者，见税什五，则当日社会之情状可知矣。东汉以降，渐崇门第，自魏晋以迄隋唐，此风未改，寒门贵族，荣悴殊观。是以晋隋之世，虽行均田，然晋制区官品为九等，各以贵贱占田，一等五十顷，二等四十五顷，三等四十顷，其下均以五为差。隋则上自诸王，下迄都督，皆给永业之田，多为百顷。夫民受之田不逾百亩，而贵族所占乃至百顷，其制已属不均，况所谓贵族者，骄奢淫佚，不务稼事，享受之田，亦徒役人为佃而已。役人为佃，而己独享其利，天下不平不公之事，孰过是耶！自宋以下，佃人之级愈卑，佃之人业愈苦。其最著者，一曰官田，官田创始于唐，（唐史，元微之奏状谓京官上司职田，须百姓变米雇车运送，比量正税近于四倍，其廨田、官田、驿田所税轻重，约与职田相似。是官田之苦，自唐已然。）至于宋代，不肖官吏，多以殖产为务，及罹于罪，则籍没其产为官田。（《宋史》言朱勔败，籍其家田至三十万亩。建炎元年，籍蔡京、王黼等庄以为官田。开僖（禧）三年诛韩侂胄，置安边所，黄畴若奏以其万亩庄等田，及其他权倖没入之田皆隶焉。）迨其后，陈尧道、曹孝庆、贾似道辈，又提倡议收官民逾限之田以为国有，于是一亩之田，岁征六七斛之谷，而佃民愈不堪命矣。蒙古继之，又以宋之官田分赐臣下，或占为皇族公卿之采地，益复巧立名目，以重其租，此佃人所受之苦一也。一曰赐田，蒙古猾夏，掠民为奴，所占之户，不可数计，（《元史·张雄飞传》："阿尔哈雅行省荆湖，以降民千八佰户没入为家奴，自置吏治之，岁收其租赋，有司莫敢问。"《元世祖本纪》至元十七年：诏核阿尔哈雅等所俘三万二千余人并赦为民。《宋子贞传》言东平将校占民为部曲户，谓之脚寨，擅其赋役几四百户。其他类此者尚多，未及遍举。）往往擅其赋役，以遂其私，而为之主者，又视为固然而不之责，甚或以所掠者赐之，借为赏功之举，（如世祖赐郑温常州田三十顷、叶李平江田四顷等是。）遂使受田之家，各任土著奸吏为庄官，巧名多取，此佃人之苦者又一也。

明代官田、赐田，视宋元为滥。（《续通考》：明初官田，皆宋元时入官田地，厥后有还官田、没官田、断入官田、学田、皇庄、牧马草场、城壖苜蓿地、牲地、园陵坟地、公占隙地、诸王公主勋戚大臣内监寺观赐乞庄田、百官职田、边臣养厅田、军民商屯田，通谓之官田。又《明史》：洪武赐勋臣、公侯、丞相以下庄田多者百顷，亲王庄田千顷。熹宗赐魏忠贤从子良卿庄田一千顷，桂、惠、瑞三王及遂平、宁国二公主庄田动以万计。）其尤厉民者，则势家擅请田土，（《续通考》：宣德三年宁王权请灌城为庶子耕牧地，成化四年，外戚周彧奏乞武强、武邑民田六百余顷，翊圣夫人刘氏求通州、武清地三百余顷。）奸民投献田产，（《明史·李棠传》：曾翚为山东布政使，民恳①田无赋者，奸民指为闲田，献诸戚畹。翚断还民。《原杰传》：杰奏黄河迁决不常，彼陷则此淤，军民就淤垦种。今奸徒指为园场、屯地，献王府邀赏，王府辄据而有之。请自今献者谪戍，并罪受献者。）恣为豪夺，朝廷莫之能禁。由是官田之地愈多，官田之租亦愈重。故成化间，令军民佃官田者，城市之地，每阔一丈、长三丈，岁纳米一石；近郭之地，阔二丈、长三丈，岁纳米一石（《续通考》）。以亩计之，明制五尺为步，二百四十步为亩，阔一丈、长三丈之地才得十二步，而纳米一石，则积十二步之二十而成亩，应税二十石矣，近郭者减半，犹为十石。是租率之重，又不惟宋之六七斛已也。不宁惟是，官田之租既增，民田之租亦因之而增，故佃人竭一岁之力，收成之日，所得不过数斗，甚至今日完租，而明日称贷，其困苦为已至矣。况且输租而外，兼有私馈，佃人欲生不得，求死不能，则有铤而走险以求逞志者。如福建邓茂七之变，盖其例矣。（《明史·丁瑄传》：福建沙县人邓茂七为甲长，以气役属乡民。其俗，佃人输转租外，例馈田主。茂七倡其党无馈，而田主自往受粟。田主诉县，县下巡捕捕之。茂七杀弓兵数人，反。）满清入关，益以横恣，凡近京各州县民田，为旗人所占夺者，名曰圈地。（按《会典》：近畿之地，各旗王公、宗室庄田，以顷计者，一万三千二百有奇。各旗官兵分拨庄田，以顷计者，十四万九百有奇。圈地之多如是，民之受害可知。）被圈者虽有"以他处补给、美恶务令均平"之文，其实皆以硗地与之，勒令依美地升科而已（见顺治元年《东华录》）。其间占夺而不补给者往往而有，是以康熙初，鳌拜欲以正白旗屯庄给镶黄旗，而另圈民地给正白旗，苏讷海、朱昌祚、王登联辈犹以为不可，则当日骚扰可知也。况旗人不习耕作，所圈之地，大率赁人为佃。然佃之未久，则又称自种，阴为增租夺佃之谋，（按乾隆五年

---

① "恳"字当为"垦"。

议定，旗地若佃人并未欠租，则庄头、土豪不得无故增租夺佃。若田主果欲自种，则佃人虽不欠租亦当退地。）其贪狡为何如耶！若汉人则贪狡或不若旗人之甚，然田主之役佃人，要与明代无异也。鞭棰督责，惟所欲为，输纳稍迟，则又资官力为恐吓，佃人盖奄奄无生所矣。（江、浙、广东数省待佃人稍宽，江北一带则其现象无不类是。）

由此观之，秦汉以前，吾民之苦乐、劳逸不均者，有形之阶级制度为之也。秦汉以后，吾民之苦乐、劳逸不均者，无形之阶级制度为之也。故吾先民之痛心于是者，未尝不思有以救之，虽救之之术不尽可行，而揆以近今民生主义，要未之或谬也。今试述其说，略为之派别如下。

甲，井田论派。

乙，非井田论派。

非井田论派者，发生于井田之世，目农奴之苦而为之者也。其派始于李悝，成于商鞅。悝事魏文侯，作尽地力之教，其言曰："地方百里，提封九万顷，除山泽邑居，三分去一，为田六百万亩，治田勤谨，则亩益三斗，不勤则损亦如之，地方百里之增减，辄为粟百八十万石矣。"又曰："今一夫挟五口，治田百亩，岁收亩一石半，为粟百五十石，除十之一税十五石，余百三十五石。食，人月一石半，五人终岁为粟九十石。余有四十五石，石三十，为钱千三百五十，除社间、尝新、春秋之祠用钱三百，余千五十。衣，人率用钱三百，五人终岁，用千五百，不足四百五十。不幸疾病死丧之费及上赋敛，又未与此，此农人所常困，有不劝耕之心，而令至于籴甚贵者也。是故善平籴者，必谨观岁有上中下熟。上熟，其收自四，余四百石。（平岁百亩收百五十石，今大熟，四倍收六百石。计民食终岁长四百石，官籴三百石、此为籴三舍一也。）中熟自三，余三百石。（自三，四百五十石也。终岁长三百石，官籴二百，此为二而舍一也。）下熟自倍，余百石。（自倍，收三百石，终岁长百石。官籴其五十石云。下熟籴一、谓中分百石之一。）小饥则收百石,中饥七十石,大饥二十石。故大熟则上籴三而舍一,中则籴二,下熟则籴一,使民适足,价平则止。小饥其发小熟之所敛,中饥则发中熟之所敛,大饥则发大熟之所敛而粜之。故虽遇饥馑水旱,籴不贵而民不散,取有余以补不足也。"盖悝之术,以尽地力为主,以平籴为辅,二者行,则亩之所收者自增,而农之所苦自减,未始非救敝之一端也。鞅事秦孝公,制辕田,开阡陌,鞅以三晋地狭人贫,秦地广人寡,故草不尽垦,地利不尽出,于是诱三晋之人,利其田地,复三代,无知兵事,务本于内,而使秦人应敌于外。故废井田,开阡陌,任其所耕,不限多少,数年之间,天下无敌。是鞅之意与悝略同,然鞅任民耕地不为之限,其害终于僭差亡度,富者累巨万,而贫者食糟糠,强者兼州域,而弱者无尺土,亦其敝也。

井田论派者,发生于井田既废之后,目击豪强兼并而为之也。此派约分二种:(一)积极的井田论,(二)消极的井田论。

积极的井田论,导源于许行之并耕说,清初颜习斋、王昆绳始发挥而光大之。颜习斋曰:"天地间田,宜天地间人共享之。"王昆绳曰:"有田者必自耕,毋募人以代耕。自耕者为农,无得更为士为工为商。士工商不为农,不为农则无田。官无大小,皆不可以有田,军有田亦自耕。"(此与许行并耕之说最近。)昆绳又谓:"欲制民产,当行收田之法。收田之法有六:一,清官地,凡卫田、学田之在官者,清之使无隐;二,辟旷土,凡地之在官,而草莱者开之;三,收闲田,兵燹之后,民户流亡,无主者收之,有归者分田与之,不必复者其全业;四,没贼产,凡贼臣、豪右,田连千百者没之;五,献田,天下有不为农而有田者,愿献于官,则酬以爵禄;六,买田,天下有不为农而有田者,愿卖于官,则酬以资,愿卖于农者听。"(此与近今土地国有论最近。)昆绳又为分田之制,尽六百亩为一疆,中百亩为公田,余五百亩为私田,十家受之,户分上中下,年六十则还田,是昆绳之意,以井田可行,则阶级之制度,不可不革,其识见盖高人一等矣。

消极的井田论,又分为二:一限田说,一均田说。限田之议,倡于董江都。江都之言曰:"自秦除井田,民得买卖,富者田连阡陌,贫者无立锥之地,宜限民名田,以赡不足。"厥后师丹、孔光、何武辈祖之,令吏民名田毋得过三十顷,期尽三年,而犯者没入官,其所以杜兼并者至矣。均田之议,始之者晋司马朗,继之者元魏李安世,安世之言曰:"田莱之数,制之以限,欲使土不旷功,人罔游力。雄擅之家,不独膏腴之美;单陋之宅,亦有顷亩之分。"其制,民年十五以上咸受露田,男夫四十亩,妇人二十亩,奴婢受田与良民同,盖亦抑富恤贫之义也。夫三代以降,豪富吏民,资数巨万,而贫弱逾困,则非井田论之无当于世,不待办①矣。而所谓井田论者,又徒知其一,而不知其二,知其偏,而不知全,要非探本之论也,故吾无以名之,名之曰"中国之民生主义"。

——《民生日报》1912 年 5 月 29 日、31 日,6 月 3 日、5 日、7 日"论说"栏

---

① "办"字的繁体为"辦",疑为"辩"之误。

换契与民生主义之关系

磨锈

欲民生主义之实行，必自平均地权始矣！而平均地权之方法，虽有种种之殊异，而以吾国现象衡之，其最适合最易行者，莫善于以改正地税入手，地税得其平，则地权亦可渐臻平善，虽未可谓民生主义之目的完全达到，而民生之获益谅亦不浅矣。

民生主义之最大目的，在乎使吾人对于一切之天然物，均复其天赋之所有权是也。而天然物之最大且最要者，厥为土地。造化以土地赋吾人，本甚平等，不为强有力者而增多，亦不因弱无力者而减少，吾人不生斯世则已，生于斯世，即应有土地之一份子，其道最公，其理亦甚明也。不谓时至今日，天然之土地，已悉占为私有，今欲一旦而力反数千年之积习，尽举私有之土地还诸公有，使人民复其天赋之所有权，共享平等之幸福，岂不甚善？惟观夫今日社会之程度，尚非其时，然当此民智大开，一日千里，吾料不出一世纪，当必有行之者。而吾辈欲为后人谋幸福，则种因宜在此时，故今日地税改正，实为种因之要着。故孙中山先生返粤之日，车尘未拭，即注重于此着之提倡，可谓得其要领。而近观吾粤政府与省会所议之换契案，若有未甚注意于此点，其用意所在，则以是为筹款之一法，则毋与孙中山先生之意趣，犹有一间之未达乎？

记者非敢谓筹款之可缓也，惟换契一事即为改正地税之初级手续，改正地税又为平均地权之最要方法，平均地权又为实行民生主义之不二法门，故换契之举，对于民生主义，要因中之要因也，其可不慎之又慎乎？夫种善因而得恶果者有之矣，种因不善而能收优良之结果，殆未之前闻也。今竟视换契为筹款之一法，一若可不计及其他也者，种因如是，记者不禁为民生主义前途悲也。

夫当此经济万分窘迫之际，筹款又讵可缓图哉！而抽收换契金，亦比之他种抽捐，较为正当而确实，在有识者谓至今日始咨议执行，已似属迟缓，记者亦早已赞同其说。盖我中华民国更新伊始，断不能以亡清所发给之契照，认为有效力之凭据物，而换契时可收若干之手数料，国家建设之经费亦可借资弥补，故换契之举，为政府万不可缓之政策，换契金之缴纳，当亦人民应有担负也。

然观乎社会之现况、人民之心理，则有种种之障碍，非有美善之法则、宽裕之时日以施行之，则不仅关系于他日改正地税者甚大，而于筹款前途，亦未见其可也。查英人之割我九龙，为地不过百里，且不收换契金，其于换契一事，经岁而后竣。以此区区之地，手续之繁难犹且若此，虽曰彼恃强割取者，人心有所不服，故不能不需以时力而后能。然以广东舆图之大，其人民之知大义乐输者虽不乏人，而一般狡黠贪者正复不少也。不观乎各属之征粮乎？按图索骥、勒限比追，而瞒纳者尚多漏网，若听其自行换契、自行报价，其偷漏欺瞒又孰能免乎？

夫国家之于换契也，非仅抽收其换契金便谓手续已了也，其要者实在于调查全省之所有地积，及保护人民之所有地权，今日之尤要者，又为改正地税之豫备。若乃不求其本而趋其末，吾甚虑将来之棘手，或更有甚于此。呜呼，换契之关系若此，而仅以筹款之一法目之，其将亦以筹款了之而已矣乎？其亦有为将来改正地税计一为筹及者乎？亦有为将来平均地权计一为着想者乎？

——《民生日报》1912年6月24日"论说"栏

江亢虎君在烟台演说社会主义词

江亢虎

兄弟此次北来，本以赴北京为目的，今受诸君欢迎，自宜将社会主义详细演讲，以答诸君欢迎之盛意。但偶抱微恙，而时间又极短促，且诸君中无论党员非党员，程度亦不一致，有此三因，故不能如愿。虽然，请与诸君略言之。

社会主义，最新之名词也，而其原理则为人类之所同，然人为万物之灵，故有抽象的思想，若他动物，则只有具象的而已。惟人类有抽象的思想，则此社会主义，即由此抽象的思想而生。盖人类皆怀有不满足之希望，因不满足而愿求其满足，而社会主义于是乎发生，盖以所处不真不美不善之界域，今日虽不能邃见诸目前，其为将来所必至，可断言也。世界人类之繁殖日益增加，生计之恐慌亦日益剧烈，质言之则吃饭问题是已。社会主义见诸实行，则生计平等，无复恐慌之虑，此所以须极力提倡者也。

社会主义之名词，由东洋辗转译来，然既谓社会主义，则与社会学不同，社会学为一种科学，所以讲明社会进化之历史属过去的，而社会主义则为将来之主张，且社会党非社会，社会为普通团体名词，社会党则主张社会主义者之团体，此其不同之特点也。

今试将西洋之社会主义之发达情形约略言之。美利坚所处地位，与我国为反对，而其社会状况，亦与我国不同。夫美为世界第一雄富之国，夫人知之，然其富甚不均平，如煤油大王、制铁大王等，其富源悉在最少数人之手，以故垄断极甚。以此贫富不平等之故，社会主义，遂大发达。惟其为共和国家，故对于政治上之改革尚缓，而对于社会上之改良甚急。英吉利人之自由与共和国等，虽为君主国，而社会主义可以自由提倡，于党人极表欢迎。故英国为党人遁逃渊薮，盖其国人具有国家道德，能为此之优待党人，如孙中山先生在彼国时，其所受之优待，即其一例也。

　　法国人之自由，可谓达于极点，其人民之思想，亦最为奇特。凡人之所不敢为、所不敢道者，法人独无忌惮而为之道之，无论形上形下之学，大抵皆于法人之所发明，故无政府主义亦出于此。德意志君权极重，而社会主义亦极发达者，诚以德国正如旭日方升，政府上之流弊尚少，其讲社会主义者，多主卡尔马格斯一派，乃中央集权之国家主义也。义大利、西班牙两国，老大帝国也，腐败已极，故社会党愈多，其政府仇视党人，无所不至，党人亦极激烈放荡，溃决而出，适以促其进行力之勇猛。比利时土地狭小，而社会主义异常发达，以其工商业大盛，贫富均等，且为永久中立国，有陆军无海军，人民之负担既轻，故得以从容研究。万国联合大会往往在此，而社会党开会亦多在此。瑞士小国，今日社会主义之实行地也，虽未能达于完美，然已实行其半矣，如无政府，无元首，可谓平等已极，论者谓更加改良，不难尽善尽美。俄罗斯乃专制国，压制力大，反动力亦大，故社会党极多，乃主张极端社会主义，于是政府杀党人，党人杀君主，大臣互相杀戮，诚不幸之事也。然为勉行其主义，愿划除高级奴隶之阶，不得不出于此，所尤奇者，巴苦宁、克鲁巴金等，身列贵族，而极力主张极端的社会主义。其大学者托尔斯泰主张亦力，波兰人石门革甫，作世界语者亦然，近则虚无党与无政府党合并矣。

　　日本国之压制，固不待言，而主张社会主义之幸德秋水，忽而知平，忽而激烈，以为改良社会，须先改良政治。改良政治，非先去天皇不可。前岁以谋杀天皇，被捕者廿六人，死十二人，以其杀天皇之罪名，而非以其为社会党。然诸人虽受极大之苦痛，全国人多反对之，而不怜惜之者，以重视天皇为全国皇帝，且尊为大和族族长，同支共本，又崇拜其为变法之英雄故也。秋水死后，日本社会党似已消灭。然而明治去世后，其政治之革命必起，社会党亦必大兴，当与我国今日之现象同也。我国社会主义，近日方见昌明，大多数人以为新奇，不知此为共有的思想，即前所谓抽象的思想也。试考古人修齐治平之说，其于天下不曰治而曰平，又天下、国家可均也，不患寡而患不均诸理说，固非强为牵合，其《尚书》《礼记》等之与社会主义之相合者，尤不可以屈指数，不过未明揭社会主义之名词耳。兄弟十三年前留学东洋，始知有社会主义之名词，遂发愿力，考有各学说，多与自己之思意不谋而合，于是放胆讲去，颇有所得。归国后在京办理学务，虽在政界，实不过政界之教育而已。然犹不敢倡谈，恐致败事，亦以不敢自信，慎失其真，乃假游历西洋之便而就正焉。故名则为考查风俗政治，实则为社会主义也。

既到西洋，游历各国，遍与社会党人交，留意考查，知社会主义已成为有根柢之学说，将来大潮流之激荡，必极兴盛，从而提倡之胆愈壮。归国后适在浙江学校开会演说，发出传单，众皆大骇，而官府派警取消，并有拿办之令，其实此种学说，直与舆论排战，无怪其然。然为将来计，又不可以中辍，不得已在上海租界立一社会主义研究会，以为上海为我国文明总汇之地，同志者必多。及开会，到会者多，知之者少，大失所望，于是而生狂妄的责任心，以我不提倡，有谁提倡？虽然，兄弟有此心，实则人人皆应有此心也。既而了解者渐多，而所发出之杂志又被封禁，及武汉起义光复，而机会至矣，爰就原有之机关而公布之，社会党于以成立，日见发达，现在支部已达三百处，党员已有七万人，其进步不可谓不迅速也。

虽然，有为社会党殷忧者，或谓时期未至，不知今乃鼓吹时代，言论为事实之母，何时达到目的，虽未可预料，然一意作去，终克有成。如此次革命，初起时安敢谓其事之必成、而终能共和者？作之则必有到之之日也。或谓党员之流品之不齐，是诚然矣。独是社会主义，持平等、自由、博爱三大宗旨，不可强分畛域，使人谓我门墙太峻，致生阻力。且事实上亦不能限制，将追咎其以前之行为欤？抑逆亿其以后之行为欤？彼既信从，即宜使之了解，此吾人之责也。或谓议论多而事实少，抑知社会主义之目的极远，范围极大，必先鼓吹完满，方能一气呵成。即如我国共和之发端已不下二十年于兹，去年八月十九日前，毫无势力可言，而湖广、广东等处，数次起义均归失败，及客秋机会一至，遂有沛然莫御之势。社会主义之目的较共和更远，其范围较共和更大，亦曰但有竭力鼓吹、赶紧准备而已，将来时期既至，必然瓜熟自落矣。

——《民生日报》1912年7月9日、10日、11日、12日"演说词"栏

论社会主义答公武君

李煜瀛

产业归社会所公有，而不为个人所私有，此各种社会主义之所同者。至其制度观念方法，各有不同，然均为社会主义。分类略述如下。

一、就政治而言，（一）有主张由今之政府制度变更而行社会主义，名之曰政府社会主义。（二）有见今之政府制度，不足以行社会主义，必倾覆之而易其制度，以工会司出产事业，以取需会司支配物品，以公治会（略如今日之自治机关）经理各务，此种制度，承政府之后，虽仍存其余意，然其性质已大异矣，此可名之曰公会社主义。（三）有主张无政府者，重个人之自修，屏强权之干预，由人格之进化改良，达于大同世界，此类名曰无政府社会主义。第一类之主义，今最普通，而无根本解决之效。第二类主义之潮流，盛自法国，可谓实行。第三类主义最为正当，而人类进化幼稚，尚不能普及，然公会社会主义，已将破坏政府制度，而大异其性质，是亦第三类主义之前趋也。

二、就经济而言，（一）有主张集产主义者，每人所作之工作之有定数，其所得亦有定数，工作与所得相等，于集产社会中，每人之所得不能过于其所作。（二）有主张共产主义者，各尽其所能，各取其所需，此二法之结果无大异，皆作其力所能，为取其生活所需之数，惟第一类行之以限制，第二类行之以道义，第一类可用之于公会社会主义之时，第二类可用之于无政府之时。

三、就学派而言，（一）有主张上帝之说，而行社会主义者，名之曰宗教社会主义。（二）有反对上帝之说、主张纯粹之学理而行社会主义者，名之曰科学社会主义。科学社会主义又自分为二派：一曰唯物学社会主义，纯根据于经济问题，亦曰买克司社会主义；一曰义理社会主义，由公当之义理，而求经济之解决，所谓义理非空想之谓，亦根据于科学，惟不仅根据于经济耳。

四、就作用而言，（一）有利用今之政府而变法者，名曰变法社会主义，以议会选举为作用，以改革政治为方针。（二）有反对政府制度而图易其组织者，名曰革命社会主义，以激进为作用。（三）有主张以学理传布以图进化者，或以个人激烈之作为，以助主义之传布。第一法政府社会党用之，第二法公会社会党用之，第三法无政府社会党用之。

总之，以上四大类，其宗旨、方法、观念、作用各有不同，而均不出乎社会主义之范围，或纯然一致者，或先此后彼而为进化之过度者，或并用兼全者，此固极繁复之问题，随人之心理与时机而异者也。

——《民生日报》1912年7月10日"选论"栏

社会改良之感言

东 孙

自共和成立以来，弊政已革，而不意腐败之状，乃不轻减于前。世之研究政治者，至此穷无术矣。于是有作愤极之谈者曰，非第二次革命不可。推其主张之原因，不外国体虽变，而政事未善，昔者蝇营狗苟，以政治为利薮于专制之下，今者更明目张胆，掳人勒赎，把持权要，以政治为羽翼于共和国之下，其依势凌民、居心龃龉无二也。然而，前之腐败，经革命而未改，今则欲再以革命以改之，论理学为之推理，其中实有矛盾焉。是故改革腐败者，决非革命可以奏功，则唯有改良社会耳，诚以病在社会，而不在政治也。

夫革命之功，仅能及于政治，虽有影响于经济、社会者，其影响宁为恶影响，而非善影响也。是以革命乃革政，至于政治以外，无可施其作用，则苟有主张第二次革命者，可以休矣。然而，革命非仅不能施其功用于政治以外，而政治以外者往往受其恶影响，此则吾人宜大加注意者也。

其所以然者，第一原因为破坏经济制度。经济制度纷乱，则社会秩序不固，社会秩序不固，则人心浮动，各各有侥幸之思、不安分之行为也。是故今日政界、教育界各界之黑暗，较之未革命以前，殆有过而无不及者，正坐此耳。虽然，中国社会之腐败非止一日也，亡清末叶，社会腐败殆达极点，经济纷乱，生计困穷，所以产出革命，故以记者一人之观察有二点。

一，中国此次革命，实以亡清之世社会腐败、经济困难（两者互相因果），愈趋愈甚，则最后之结果，不可不产出革命也。盖虽有热心鼓吹者，然苟社会不腐败、经济不困穷，全国之人安能皆为响应？其故可知矣。

二，革命之后，革命对于社会，非仅不足以改良之，且反足以放纵之，故社会之腐败，殆无减于昔。读者若有疑吾言乎，请观临时政府成立以后，沿江一带，其中沪渎为尤甚，其浮华虚侈，竟有数倍于他日者，其故果何为哉？

以上所言，不过述现今社会腐败之原因、结果之关系而已。至于改良之方法，记者数年以来不敢自弃，窃尝有所研究，惟以言之冗长，读者若不以为不肖，记者愿于异日徐徐相商榷。记者言至此，忽有感想浮于脑际。忆记者初自海外归来（西历一千九百零八年），觉中国社会机关滞涩、人心诡诈，虽为祖国，不啻异域，怅然若有所触，遂寓①书于友人某氏，某氏当时方热心于革政，不计及社会也。仿佛其辞有云："（上略）今日所谓之新发明，即政治改革莫先于社会改革也。所谓社会改革者，泰西人仅指经济及其他之制度而言，而仆之意则以为不宜仅注重于经济等，宜从精神方面着手，而后再言物质方面，实以中国现状不同泰西故也。欲救中国，非此不可。（下略）"

盖当时记者之思想，以为须从宗教及伦理着手，造成传说，使之深印于一班人之心中，其力自然强大，实有鉴于鼓吹革命之不成功，非先团结人心、改良道德不可也。今则此种思想已属过去，今日追念及此，不无感慨。而某氏又复至美国哈佛大学研究哲学，不通音问者两阅月矣。

——《民生日报》1912 年 7 月 13 日、16 日"选论"栏

---

① "寓"字疑为"寄"之误。

论国家社会主义

泽 民

有国家然后社会得保持，有社会然后个人得生活。吾辈立论，若以个人为目的，而不顾社会，则失之自私自利；若以社会为前提，而不言国家，又昧于世界大势。施达因氏不云乎，国家之原则为平等，社会之原则为不平等，试观无国家之社会，弱肉强食，惨不忍言。自有国家，定法律，施政治，对于社会之不平等，常强制之纠正之，以图长久治安，如此欲求平等，非个人能力所可达到，又非专恃社会所能自成，彰彰明甚。而人每不知此中消息之微，是未尝一研究国家社会主义故也。

彼言社会主义者，曰自由竞争与私有财产二大条件，必急破之，而后新社会可以成立。呜呼！是说也行之他国则吾不敢知，行之吾国未见其可。土货日减，农业窳败，工厂不兴，钱庄倒闭，列强虎视眈眈，方挟其最新政策，得步进步。吾国人本无自由竞争之观念，今并此观念使之生长，是速其亡也。且吾所谓私有财产，如农工商矿，以及铁路森林、渔盐烟草均归官营，无论公家财力不足，势难买收，即使财力有余，亦非一朝一夕所能集事，故社会主义之不尽适宜于吾国也。夫言社会主义者，当思种种学派不同，英之奥痕，法之福利蔼、蒲伦、萨西蒙，德之麦克思、约凯榰，日本之幸德秋水等，更皆为社会主义之巨子，而其立论，亦必视当时社会情形，断非漫无根据者，然犹为当时所不容，诚以社会主义，未易实行。第一，人民之间职业如何分配，是为一大问题。新社会之理想，必使人人为劳动者而后可，是不仅生产事业之需劳力也，凡官吏、教员、医生、商人、宗教家等劳心之事，亦不可缺。今任人民随意为之，则劳力之事人常少，劳心之事人常多。不得已而用考试制度,则现社会之考试制度,既不公平矣,今因考试而定为某也农、某也工、某也商、某也官、某也医、某也教师、某也宗教家,吾恐公平之事,终不得见,此职业分配之不易行也。第二,人民之间,如何而可以使之劳动,又为一大问题。现社会则以生计所迫不得不然,新社会既无一夫不获,人将习为怠惰,且贫富既均,无事蓄积,政府每岁视人民消费之额,编为算预,而定劳动之程度,人民稍有怠惰,生产必致不足,是非强制人民劳动不可。故现社会之劳动,尚属自由意志,新社会之劳动,必俟强制,不免有反抗之虞,此又甚难解决者也。第三,赁银之定法如何,又为一大问题。新社会既不许资本蓄积,则必定一赁银之额,使不至有余或不足。因此而生二说:(一)依劳动之功程如何而定赁银;(一)无论劳动之功程如何,依生活所必要而定赁银。由前之说,精功卓绝之劳动者,必较普通、一般之劳动者受几倍赁银,赁银有高低,斯贫富之等差立见,而与新社会相矛盾。由后说,家族之数人各不同,家族多斯生活必要之度因之加增,设劣等劳动者因生活之必要,较优等劳动者受赁银为多,天下不公平之事,莫过于是,此又赁银之不易即定也。要之,社会主义之困难,不一而足,吾姑述大略,已可概见矣。

国家社会主义则不然,维持社会之状态,而逐渐改良,不以黄金世界为可躐等而求,不以手枪、炸弹为急进之能事,不于选举知识尚未发达之时而主张政见投票,不于共同生活尚未发达之时而主张产业公有,其所以异于社会主义者,纯以国家之利益与进步为务,又非若国家主义之专属政治问题也。吾辈所谓国家社会主义,经济之组织是其中心,政治之组织是其从属,言经济组织之处有类于社会主义,而范围必在国家以内,言政治组织之处有类于国家主义,而立论必从社会著想。以自由竞争与私有财产二大条件,社会主义所不许,国家社会主义则谓以国家之力,加以相当限制,未始不可。譬诸劳动者与资本家之关系,若任其自由竞争,则资本家处于优胜地位,劳动者何能相抗?自有国家加以相当限制,抑其强有力者，助其弱者，以剂于平，此工场法等所由定也。又譬诸私有财产，若任其终古不变，则财产中之结果，势必至富者益富，贫者益贫。自有国家加以相当限制，不使独占事业遗害社会，此铁路国有论等所由作也。又譬诸统计机关，取各地之生产额、消费额、输出入额等造成表册，比较其需要与供给，使之调和，本为社会主义之理想，而又非国家之力不能成就。其他道路、公园，要皆社会事业，而有于待国家者甚多，吾所为拳拳于国家社会主义也。或者曰："生存竞争，乃宇宙大法，今以国家限制个人之竞争，何为乎？"则答之曰："国家社会主义并非绝对限制个人之竞争，徒以竞争过烈，死亡疾病层出叠生，社会之生产力骤减，斯国家之寿命亦难延长。今消极一方面，缓和其竞争，不使酿成掠夺残杀之惨剧，积极一方面，奖励仁爱与友谊，使其团体坚固，一洗从来私利恶习，是岂与进化之说相矛盾哉！"或又曰："自有国家，而竞争之祸今甚于昔，相率研求其军备战斗，势不至令世界人类尽为牺牲不止。"诚哉是言！然吾谓大同一语尚非其时，若无国防，则埃及、朝鲜，皆为殷鉴。社会主义之极端，岂能使世界人类同时进步、归于一致？呜呼，吾所为拳拳于国家社会主义，而不敢过事高论也。

吾国之宜采用国家社会主义也，已略见端倪矣。从政治一方面而观，共和二字无人不知。普通选举资格无事苛求，审判公开立制主张正义，内务为公众设备各种机关。凡注重卫生、维持治安均有专责。外交非个人名义可致，必归于国家之权能。交通则电信本属官营，铁路干线国有，此议久腾众口。军政则裁兵节饷，减轻人民负担，隐合于新社会理想。教育则部设社会教育专司，尤见社会之急宜改良。从经济一方面而观，商业则有商法、破产法等为之保障，且银行条例，亦将实行。所以防资本家之专横、图生产之发达，要皆为社会主义间□所关。工业则虽无大公司成立，而所谓工党、所谓工商勇进党遍地皆是，未始非近世潮派之趋势。惟能以国家之力保护之、助成之，斯不至漫无限制。然吾于工业商业之外，所亟亟者农业耳。屯田之制不行，水利之兴无术，坐令米珠薪桂，岌岌不可终日。彼美洲面粉种植之劳银极大，船车之运银又极大，且能横断太平洋，以应吾国之求，果何故欤？则以彼为大农组织，而我则小农组织也。小农之不利有数种，购求机械无资，装置机械无地，聘用技师无力，如此欲与外国相抗，难矣！而人每谓大农组织豪强兼并，实与社会主义相背而驰。殊不知大农组织乃新社会一大进步，他日产业公有，与其取之于小农，不如取之于大农之直捷便利也。吾国以农业著名，吾故于农业详为一言。综上观之，国于大地必有其特殊之历史、地理、风俗、习惯、产物等，因势而利导之，是在研究国家社会主义者。

——《民生日报》1912 年 7 月 13 日、17 日"选论"栏

补助贫民生计之研究

一 鸣

吾粤光复以后，贫民生计，日益凋落，向之衣食于劳动者，今且求一劳动之职业不可得。苦痛也、穷乏也、饥饿也皆相因而至，最终则槁死而已，不槁死，则男子为盗，女子为倡而已。痛哉！人类之运命，惨绝一至此乎！

或曰："此物价腾贵为之，欲苏民困，宜设法以平物价。"应之曰："不然！生计困难与否，由人口与物产之比较而定；物价腾贵与否，由物品与货币之比较而定。二者若相因，实不相因，故乡曲之物价贱于城市，城市之生活易于乡曲。不观诸欧美乎，英之伦敦、美之纽约、法之巴黎等等，物价视吾国何止倍蓰，而吾国生计乃不如他远甚，然则但平物价，不足以维持人道之生计，断可知也。"

或曰："此世风奢侈为之，欲苏民困，宜设法以戒奢侈。"应之曰："不然！天地之物，此赢则彼绌，此绌则彼赢。故自甲一方面言之，则奢侈为生计困难之主因；自乙一方面言之，则奢侈又为生计宽裕之现象。不观诸欧美乎，英之伦敦、美之纽约、法之巴黎等等，奢侈视吾国何止倍蓰，而吾国生计乃不逮他远甚，然则但戒奢侈，不足以维持人民之生计，抑又可知也。"

然则将如何？是宜于根本治之，吾国海禁既开以来，输入超于输出之数岁数千万。而此数千万之溢额，外人非必辇之而去也，或以之出借吾之政府及人民而变为债权，或以之购置土地、房屋及矿山、铁路而变为物权，或以之经营商业而变为资本。运之既久，于是吾之生产机关悉归外人掌握，所余之生产力仅属劳动之一部分，而生计日以困矣。致贫之原因此其一。

吾国土地不加辟，物产不加丰，惟人口则岁有加，此宁佳现象哉！人类之生养资于物产，物产之滋长因于土地，今满蒙青藏一带，地旷土荒，物产既不发达，而人民之殷盛如故，又安往而不敝乎！致贫之原因此其二。

知此二因，然后补助贫民生计之策，乃有可言，试略述之。

夫生产之要素，土地、资本、劳动三者而已。今土地、资本，既半专于外人，而劳动之力，又有所未尽，则扶而植之、扩而充之，要亦事之不容缓也。扶植之奈何？道在予劳动者以自由而已。吾国今日大资本家之专制害尚未著，然履霜坚冰，其端已露。庚戌十二月上海之罢市，吾粤数年前鞋行东西家之冲突，非显证乎？况近者社会主义之潮流灌输亚陆，其事又为乌可以已？语曰："前车之覆，后车之鉴。"今摘录各国罢工风潮之统计，以为前车，可乎？

罢工次数：

一九〇一年：英六四二，法五二三，德一〇五六，奥二七〇，美二九二四；

一九〇二年：英四四二，法五一二，德一〇六〇，奥二六四，美三一六二；

一九〇三年：英三八七，法五六七，德一三七四，奥三二四，美三四九四；

一九〇四年：英三五五，法一〇二六，德一八七〇，奥四一四，美二三〇七；

一九〇五年：英三五八，法八三〇，德二四〇三，奥六八六，美二〇七七。

据右表观之，除英国外，其他诸国罢工之次数与年俱增，甚者增至数倍，此由英国资本家与劳动者之关系，较他国为恳至，且英国之资本家，对于社会种种事业时有为之尽力，故同盟罢工之举，其事视地国为差少耳。夫罢工宁有益之事？不惟无益于资本家，而劳动者亦蒙其损害，然蚩蚩之氓，宁忍痛苦而为之，则其意亦大可哀矣！故消弭之法，与其消弭于事后，毋宁消弭于事前，减其时间,厚其薪俸,未始非两得之道也。

扩充之奈何?道在亟兴实业而已。往者满洲之制造豆油也,近年以来,豆粕粑料之贩路日益加多,于是组织制油会社,而以机器代人力者。所获之利既丰,所用之人愈众,而生产之力因之以增。故为今之计,若纺织业、制糖业、制粉业、烟酒制造业,其他渔业、农业、牧畜等业,其事为日用所必需,其物为吾国所固有,而筹画又不甚困难者,自当一一举之,务使劳动者得以不失职,则吾民之生计,赖以稍苏,盖亦救时之术也。即谓财政支绌,万不能尽为吾民谋,然奖励与董劝并行,苟得其术,又安在无资本家起而图之?是在当道加之意耳。

——《民生日报》1912 年 7 月 17 日、18 日 "论说" 栏

今日宜提倡共动事业

民

十九世纪以后，汽学发明，殖产者资其力，以资本吸资本，以利息生利息，是由富者愈富，贫者愈贫，而社会不平等之制以起。恶其制者，乃主张均产以匡救之，然均产未易实行，则匡救之法，自非以资本家制度而行社会主义不可也。夫所谓以资本家制度而行社会主义者何物乎？共动事业是也。其营业方法及目的，皆应于共动主义，而不为个人利益之计。但资本家制度在社会上有莫大势力，故共动之组合员，往往关于组合及组合外个人或团体之交涉，不得不以资本家制度支配之，而要其组织之旨趣，则纯乎社会主义而不可掩也。

今欲知此业之发达与否，请征诸英。英于千八百四十四年时，有劳动者十二人为共动之贮金，逾年积百余元，遂设立共动贩卖店，是为共动组合之始，厥后屡次改良，日益发达。据最近之统计，全国共动店五千余间、制造厂四十余所、航海之大汽船数艘，各都会皆有代表，资本主二百余万人，每年贩卖之额达八亿二千余万员，纯益为九千余万员，其发达何如也！尤利于组合员者，则建筑共动之家屋，以免资本之压迫。此外娱乐、教育、救济等事，皆岁捐巨金为之，故英人为之语曰："英国之共动店者，国家内之国家也。"是可法已！

不宁惟英，更征诸白义耳，白义耳共动事业之发生也，始于千八百六十五年，而实行于千八百八十年。近二十余年间，其组合之增加，大有一日千里之势，洵可惊也！兹略述其组合之增加数如下。

自一八七三年至一八八五年：九十二；

自一八八五年至一八九四年：四百十七；

一八九五年：九十四；

一八九六年：百七十九；

一八九七年：三百十二；

一八九八年：二百六十八；

一八九九年：百九十；

一九〇〇年：二百五十一；

千九百一年一月：其存在者，实有千八百所，会员二十万人，并其家族计之，约一百万人，占全国人口七分之一，其发达又何如也！

今吾国国体初更，极端之社会主义，适用与否，尚属未定问题。然得此制而仿行之，使劳动者可以自由，不受资本家之抑压，是亦民生主义之雏形也。呜呼！吾民亟起图之。

——《民生日报》1912年7月19日"论说"栏

罪与贫之关系

民

吾粤自光复后,以迄于今,吾民之犯罪而死者,日计几何,月计几何,吾不得而悉数之也;其因案致罚者,日计几何,月计几何,吾亦不得而悉数之也。但以意推之,罪人之总数,视人口之总数,得千分以下之若干率,可断言也。论者于此,多疑当道用法之过于严酷,否则,吾民智职程度之幼稚,或道德心之薄弱,故其结果乃至是。余以为两者皆未得其当。

盖当道用法果过于严,则犯罪者自当日减,今不惟不减,而且增加,则论者之前一说为无据矣。若谓愚民无知,致干庚罪,则无意识之冒犯,与有意识之冒犯,其界别至易辨认。今试问冒犯者之果尽无意识乎?则论者之后一说又为无据矣。

然则犯罪者之性与人殊乎?非也。犯罪者之习惯与人异乎?亦非也。盖自其分因言之,盗也、奸也、斗也、赌也,犯罪之事实种种不同,而自其总因言之,则无盗、无奸、无斗、无赌,种种事实起于牟利,种种牟利生于贫乏,不同者仍归于同而已。

何者?吾粤地滨南海,市舶交通之事视他省为独早,出洋谋生之人视他省为独多,故经济问题恒视他省为宽裕,此诚吾粤之特色也。乃粤人以宽裕之故,务为乐利观念,往往流于纵恣而不之知。夫纵恣亦何害,但影响所及,物价为之沸腾。多数贫苦之人,生计为之愈困,极其流失,有不欲犯罪而不可得者。故黄世仲、香益远辈作奸犯科,贫为之也;王和顺、关仁甫辈之甘心谋逆,贫为之也。孟子曰:"无恒产则无恒心,放僻邪侈,无不为矣。"其谓是夫!

救之之法,以实行民生主义为要。民生主义既行,则贫富自均；贫富既均，则生活自易，一切奸、盗、斗、赌之风不禁自绝，而更何有自罹于罪者哉？不是之审，仅察察然峻其刑法、密其科条，吾恐不足为治，且阶之乱也。况犹有惧者，吾民之犯罪日众，则吾民之精神病日增，因是而播为流行性及传染性，则数年以后，熙熙吾民，其不胥变为罪囚不止也，是可哀已！

——《民生日报》1912年7月26日"论说"栏

今日宜设社会的工厂以实行民生主义

民

自裁遣民军以来，各属盗案视前为甚，论者以为王和顺、关仁甫辈阴谋第二次革命，不惜造谣煽乱有以致之。似也，其实不然。吾粤频年水患，生产之机关顿滞，故贫苦之民，向以劳动为职业者，今并此职业无之。于是贫者愈贫，苦者愈苦，不得不挟其劳动之能力铤而走险，此盗贼所以愈多。故治粤之策，以弭盗第一义；弭盗之策，以收养贫民为第一义。

夫贫民者，无职业足以资生活，无资本得以事生产者也。故收养之法，不必施济为能，道在配之职业，给之资本，使自谋生计可矣。所难者，人多则职业不易配，财乏则资本不易给，此亦代谋者无如之何也。

无已，其设社会的工厂乎！查外国社会的工厂，率由政府设立，所为整顿其秩序、监督其职业、统御其劳动者，皆任政府支配之。尤要者，则劳动者初入工厂，不知何种职业与己为宜，故政府有代劳动者选择职业之权，及习之稍久，则还其自由，使得自行辨择，并组织工长，以管理工厂事务，而渐次脱离政府之羁绊，此大较也。惟建设之始，耗费甚巨，政府不得不自国民征集租税以为之，否或借矿山、铁路所有权为保证，而借款以谋之，亦无不可。盖工厂既成，每年所获之利益，足以供给厂中一切消耗费，及各种职工佣赁金而有余，是对于政府无损，而对于贫民则为莫大之益，其裨于国何如也。

不宁惟是，社会之工厂立，则其他私设之工厂决不能立，如是则资本家不能为极端之专制，劳力者亦得以服适宜之劳动。且富者出资，贫者出力，各分其任，受相当之报酬，尤平等之极则也。况纯益之收入，又可转为豫备金，积贮之以供他日用，其法以十之二五应异时事业失败之需要，以十之二五充老病及不幸者之供养费，以十之二五分还政府借用之基本金，以十之二五为劳动者之赏品，务使工厂之基础巩固，则社会、人类，权利必有均配之一日，民生主义庶乎可以达矣，此记者所为惓惓不能已也。

——《民生日报》1912年7月27日"论说"栏

苦乐不平均之感言

锈

天下熙熙，皆为利来，天下攘攘，皆为利往。利也者，殆为人类之动机欤？虽然，利者动之机耳，其原动力更有所在，何在？快乐是也。而快乐之对境，厥为痛苦，故痛苦亦是也。人世间不可思议之事事物物，推至玄之又玄，其起点必自快乐与痛苦始。

人类之初生，固无由考矣，然以进化之例推求之，则为下等动物无疑。当斯时也，此下等动物，何由而生活哉？仅赖呼吸之作用，收摄空气中之微生物以自养耳，斯时几无所谓快乐，亦几无所谓痛苦，一随造化之自然，亦无所事事也。迨后不知经几许阶级，而进化为猿猴之属，则生活之程度亦渐高，然所以促进其生活程度者，实由于快乐与痛苦，逼之使然也。饥则疲，饱则健，不得不觅食以养其生，如此之作为，无非为求快乐以祛痛苦耳。然草芽、木叶之充腹，不如木实果蓏之适口也。为增进快乐计，故不得不舍易而趋难，虽有遍地之草芽、木叶而莫之顾，必猱升搜索，以求难得之木实、果蓏。所以不辞劳苦者，为增进快乐计，不得不如是也。因乎此，则计较之心生，如何而可增进快乐，如何而可减除痛苦，孰为利，孰为非利，喜恶趋避，晓然于胸中，动机于是乎构成。

今也去猿猴之世界，不知又历几千万劫矣，动机构造之灵巧，不知加几千百重之缜密矣，而人类所享之快乐，亦应增进几千百倍矣，惟观乎社会之生活程度，恒闻咨嗟悲叹之声，抑又何也？其原因复杂矣，然自其要者观之，端由于不平均之故。

夫快乐与痛苦，虽处于绝对的地位，然亦由于相对待而后成。西哲有言，痛苦为快乐之母，旨哉言也！夫人类所享之快乐，山川风月之游览以外，无一不俟人以成之，事事物物皆然也。成事物者，不能无劳，不能无痛苦也。惟忍劳耐苦，冀事物之成功，享其快乐，以酬当日之痛苦。若无攘夺不平之事起，其作事时所受之痛苦，必有相等之快乐以酬之，所谓种瓜得瓜，种豆得豆，理固甚平也。抑知动机一发，角利之心生，出其狡谋，施其怪力，只知攘夺现在之快乐，不求快乐于所由成。扰扰纷纷，机变百出，快乐遂为狡诈凶险徒所夺尽。一般之劳动者，遂有手胼足胝仍不免于饥寒。试看当今之享最优之快乐者，半皆无所事事之夫也，劫人之财，犹谓之盗，劫人之快乐而陷人于痛苦者，未悉以为何如也。虽然，彼无功于世，而夺享最优之快乐者，又果为得计矣乎？其父杀人复仇，其子将且为盗，尤而效之，又何怪焉，此世界之所以多事也。呜呼！谁生厉阶，至今为梗。苦乐不平均如是，而欲望国家、社会之康宁，抑亦难矣！世有专心致志，为人类谋平等之幸福，为社会策长久之治安者，其可不加意于此点乎！

——《民生日报》1912年8月5日"论说"栏

社会党亦得罪黎元洪耶

达

黎元洪近日丧心病狂，如痫狗之逢人便噬，穷凶极恶，为共和之罪人者，厥有三事：一杀张振武也，一封《大江报》也，一拿江亢虎也。

杀张振武，犹谓其煽乱也；封《大江报》，犹谓其造谣也；至江亢虎，乃社会党一首领，其所持要素，平阶级、均贫富，即所谓民生主义耳，非造谣也，非生乱也。乃黎元洪任意而拿之，又任意而释之，岂借以示威耶？此真百思不得其解者也，非丧心病狂胡若此！

欧美社会党成行，民主国所不禁，盖均富平等，人人所希望也。黎元洪必欲推散之，使民生主义不得行于中国，黎元洪者，其民生主义之障碍物欤！

——《民生日报》1912年8月27日"短评"栏

厚民生为当今第一要义

情　侠

　　积数百年专制之毒，呼吁而无所控告者，民之愁惨也；驱数百年专利之毒，一跃而进于共和者，民之幸福也。回思武汉起义，风云叱咤，今日而某省敉平，明日而某省响应，箪食壶浆以迎王师，不旋踵而天下大定，此何心哉？此何心哉？曰："民之苦苛法，民之苦专制。"噫！民不聊生，亦匪伊朝夕者矣。易专制而为共和，易奴隶而为进化，化腥膻之恶土而为锦绣之河山，易南北之纷争而归舆图之统一。无老无幼，无远无近，咸欣然有喜色而相告，救民于水火，登民于衽席，而结蓄一无穷之愿望也。乃观于今日之所谓共和者，窃为民悲，窃为民计。

　　试就今日之民生言之，商业则凋零也，实业则堕坏也，财政则支绌也，人心则惊扰也。五都之市，百货骈罗，耗血汗之资，求子母之利，门户之见生，搀夺之意起。搀夺之意起，亏折之累多。其最甚者，一物而数捐，所获区区，而得不偿失，元气斫丧，此商业所以可哀也。航轮往来，洋货充斥，醉欧西之美术，新眼帘之改观，输入于我国者多，输出于外国者少，让他人以独步，塞漏卮而无从。其最害者，敷衍以将事，举办一业，曾不实力研究，陶器不良，此实业所以可悯也。金融恐慌，市面短绌，销流之路窒，转拨之事难，欲集合夫银团而效果未著，欲磋商夫抵押而谣诼繁兴。其最弊者，仅二千万之兑换金，而纸币充塞，竟达至六千余万。根本不立，此财政所以可慨也。寇盗充斥，无日无之，喜事者架祸而牵连，畏事者甘心而哑忍，财产之损失其事犹小，焚掳之剧烈其害更大，流离琐尾，此人心所以可矜也。只此数端，其防害于民生者已莫可名状，野无青草，何恃而不恐？今日之所谓共和国民，竟如此者！

　　夫当民权发达之日，民气则盛，民志则锐，盛则有不可遏之机，锐则有不可缓之势，乘其机而利导之，乘其势而引进之。注意于强之一途，民未有不强者；注意于富之一途，民未有不富者。一国之兴起全恃国民之精神，国民之精神又全赖诱民者之导线。培民之元气，毋苛敛，毋威胁，毋日寻干戈，毋轻事征调，增民之利源，兴矿业，尽地力，辟未垦之郊圻，拓天然之物产，充人民之作用，辅之殖之，匡之翼之，有增进之阶梯，有赞助之能力，印民之心脑，民所好好，民所恶恶，无一民不被其泽，无一民不得其所。有得所之民，即有生存之民，起视斯民，民之生计，焉有不蒸蒸日上者？

　　嗟乎！育民者，对于治世之民易，对于乱世之民难，对于乱世之民固难，对于乱事初定、而当党派之争、群情淆乱之日则尤难。今日者，民族主义与民权主义已达目的，独于民生主义仍付阙如，哀鸿嗷嗷，集于中泽，常有终岁勤动而不得一饱者。今日者，民之渴望共和，民之渴望转移也，谁解倒悬？谁拯饥溺？不能济其饥而饥反甚，不能救其溺而溺反深，生理之存，仅延一线耳。果也有急进之心，无稍缓之意，举古人怀保小民、惠鲜鳏寡之旨，体贴而进行之，通民之情，达民之隐，遂民之求，慰民之望，如是而无忝为共和国之民也。如是而我共和国之民，可厚植其基础也。治民者其思之！

　　——《民生日报》1912 年 8 月 31 日、9 月 5 日"论说"栏

社会主义之定义

陈振飞

▲互相竞争，移其私有之资本，而为一团合同之资本者，此为社会主义主要之点焉。

▲社会主义者，生产之要件则为社会所有，消费之要件则为个人所有。

▲国有主义者，颇为便利，其至精之定义，即为产业之自治焉。

▲社会主义者，立生产必要之机关，成社会之内外部，不属个人之团体，而属社会之经营。

▲社会主义者，决非改良法，为一个之学说。社会主义者，就现在制度，遂成一大经济的进步。其结果，废个人所有之资本，而归于工人团体之手，故社会主义，可称历史上之新事业焉。

▲社会主义之特质，将生产之诸机关及诸要件，入于社会全员之手，而其分配一切之生产物，从其社会之规则，不得不依公理处理。

▲在今日之产业，其劳动工金，经营于资本家之手，然于将来共有生产机关，而为众人之事业，就理论及历史观之，社会主义之根本主义，不得不如斯者也。

▲产业者，依共有生产要件的劳动者之机关，而不得不经营者，在今日之产业，于竞争的资本家之手，依劳动工金而行，然将来合同资本，从公平分配之目的，不得不依组合劳动而经营之者，此社会主义之精髓也。

生产之要件，握于社会之手，则商品之生产全废，从而生产物压迫生产者之事亦废,遂消灭社会生产之无政府状态,而为确乎有秩序之组织。则人类各个之生存竞争,从此消灭;从来限制人类、支配人类一切之景况,今由人类之配下而来,从此人类为社会组织之主人,始而为自然之领主,继而为自由之天国,此人类之进化也。

他生产分配,及交换之要件,为社会之事,因全社会之利益,从民主的国家,而经营之事全属劳动工金,脱离资本制度,及地主制度之治下,直立社会的及经济的平等之地位。

个人主义者,于社会上及经营者上置个人于先着,以个人为出发点,从个人之利益,及个人之希望,而为社会之法则。然而社会主义者,以社会为一体,从社会之必要,以律社交经济之事。

社会主义者,生产物质要件之大部分(即土地及资本),又可如今日社会团体中,为个人之私有也。故改此为社会自身共同之财产焉。

一方以利益为目的,而为私人之营业者有之;一方依劳动市场之景象,而为赁银劳动者有之,此等营业者及劳动者,其互相竞争,不可不废止也。个人者,预察社会之需要,而运用其私有之资本,为不规则之生产,依需要供给之结果,而不得不废其分配之事。社会主义则不然,依消费者确实之需要为基础,而设计为生产之事,借公众之力而整理之,主自治法团体而经营之。其物产依需要法则,比今日之分配,更为公平之方法,而分配于生产之用,此其要义也。

吾人欲变现今非社会主义的国家而为合同的共和国,应改良私有资本之制度,然或以道德之化,而不要废止者,斯全然脱却梦幻之空想,为形式上社会主义的。其产业及行政之改革,虽国家全体,亦整然而为共同之事,非然者,虽奏厥功也。譬如立市有制度,国有制之一部,此仅为社会主义之一。吾人更进而为世界的社会主义,合万国之劳动者,各应其国历史之发展而来,用其国内适当之方法。凡富之生产分配,为共有之大机关大要件,联合于共同根据之上，通文明诸国，作人类之亲和，从此国民之憎恶，不可不除去者也。故社会主义之目的，于社会全体之手，而经济运输交通机关、物品制造之工厂，及矿山、土地等，斯灭绝吾人工钱之制度，一扫阶级之差别，建设国民及万国共产制度，于健全基础之之上者焉。

国家者，社会全体之代表，显露第一之行为，而掌握生产机关，于社会之名者也。然此国家最后之独立行为，对于社会上之事，于种种之方面，国家之干涉渐次增加，遂至国家自消失于其间者，从来统治人民之政府，但整理物件，及管理生产之方法而已。

——《民生日报》1912年9月3日、4日"译件"栏

万国社会党大会史略

陈振飞 译

绪 论

伸产业革命之巨掌抚全世界,使世界十五亿之人类,将别为二大阶级焉。夫阶级者何?掠夺阶级与被掠夺阶级。之二者,质言之,即资本与平民是也。一则独占生产之机关,一则以劳动为使役,资本与劳力,遂生出赁银之问题。在彼不欲其高贵,在此则不愿其低廉,而阶级争斗之萌芽,欲免,其可得乎?勿谓平民羸弱无能为也,吾人试举左右手,纵横振舞,空气之抵抗力似无感触,然于压榨器之下,加异常之压迫,岂不□可怖的爆裂弹之原料耶?空气犹然,平民岂有激而不动之理哉!盗夺财产,蹂躏权利,凌辱人格,果然,平民自觉之声,不啻借波儿敦之咽喉而发曰:"财产者,赃品也!"岂非资本家与平民宣战之绝叫欤!

开阶级争斗之幕,堂堂旗鼓,两阵执矛而进。然试观平民军对于率政府、警察、军队、学者、宗教、新闻的资本家,其立阵如何乎?绝无所持也,只如蚁集,徒高声叫唤而已。

虽然如蚁集,若加团结,则为至大之强力焉。

多数者,势力也,平民幸得多数,此吗罗古斯《共产党宣言》之尾声,所唱破而唤起之者也:"噫!万国劳动者,其团结之哉!"于是乎,万国劳动者之同盟告成。

万国劳动者同盟

因欲平民团结，乃设立万国劳动之同盟。然虽由吗罗古斯之指导，而又因经济的事情必然之结果，而不得不发生者。

万国劳动者同盟，其大会于一千八百六十六年，始催开于瑞西国舍涅巴湖畔，次一八六七年，为瑞西国罗沙之大会，一八六八年为白耳义国波拉舍鲁儿之大会，更一八六九年为瑞西国巴罗之大会，每一大会，而各国增加劳动者代议员，其发达于此可见矣。

然其结合迅速，故不暇问旗色之如何，遂至一八七二年，于和兰国庇古之大会，惹起无政府党与社会党（即如巴古尼派与吗罗古斯派）之论争，因此两党离散，遂至解散万国劳动之同盟焉。

根市联合大会

一千八百七十七年九月，因欲谋巴古尼派与吗罗古斯派之统一，于白国根市，开两党联合大会，欧美诸国，由各劳动者之团体而来者四十五名，内有巴古尼派十名。

然而社会党依然为社会党，无政府党依然为无政府党，盖社会党则欲以国家为所有之生产机关，无政府党则排斥国家，单主张为自由治之图体。虽然，巴古尼派之争论□力，卒以大会之多数，议决如左之宣言。

社会存有之土地及此外之生产机关，为私有之财产，而握于个人或特别阶级之掌中，则劳动阶级不能免压迫、贫穷、饥饿，此必然之结果也。故于大会而宣言之，遂令组织自由自治之团体，而代表全国民之国家，又不可无土地及其他之生产机关也。

国家二字，到底不能为无政府党之文字，但议事不能不进行耳。然此问题，必如何而后可宣言哉！

单准备激烈之革命，而不为政治之运动，此无政府党之所倡也。而社会党者,则欲为政治的运动,而解放万国之平民者也。后折衷派出,欲调停两派,而两派卒不肯让步,折衷派遂禁口不言。如此向根市之大会,卒不能达其目的。巴古尼派连袂而去,而白耳义、佛兰西、英吉利、独逸、丁抹及伊大利之代表者,乃订立团结契约,设立万国劳动者通信之本部,其会议遂决。

——《民生日报》1912年9月6日、11日"译件"栏

论振兴工业与民生之关系

穷　汉

呜呼，吾中国自黄帝纪元数千年以来，教稼由于后稷，为市创自神农，国民生计之纡绌，恒视农商之岁入以为比例差。是以工业之涨缩只在客位而不在主位，故虽形衰落，而社会之全体不至为其牵制而动摇，受之者亦无惨急之感触。

无感触斯无竞争，西儒有言曰："竞争者进化之母。"吾国工业，无竞争故无进化也。然昔也闭关自治，无外界之竞争，其所失败之影响于生计界者犹有所底，今则与我并世而立于竞争剧烈之场者，大小国以数十计，工业之兴，不容缓矣。

虽然，亦有难者。小民学艺，多在冲龄，倘任其日习嬉游，父母不为之约束，骎假而光阴虚掷，年华渐长，遂无一艺之可名，虽萌悔心，已嗟何及，此幼年之失于学者一也。

工之托业虽贱，然非劳心即劳力，终岁勤动，实无闲暇之时。而少年子弟，浮荡性成，殊不耐此劳苦，心即于怠，即业荒于嬉，此半途之自甘暴弃者二也。

工之为业，无论攻金、攻木、攻皮、设色、刮磨、埴砖，虽不如商贾之广集金资，然仅恃手足之烈，于事亦未必有成。虽怀赴功趋事之勤，苦无官府造作之处，心为力拙，愿亦难偿，此常人之阻于境遇者三也。

由是言之，工艺者，固贫民之所赖以谋食，然苟无人焉为之提倡，为之劝导，则事仍未必有济，而利仍不能广开。今者民国新立，前总统孙中山回粤演说，即注重此事，可谓深得治本之要图。果使巨款能筹，令各省实业司与财政司会商建设工艺改良之局，召集学生，多多益善，教以化学染织及普通各科。又每一邑城，均令建设游民、罪犯羁禁习艺之所，与收养流民、饥民之所，亦由坐办责令轻罪与就食者，分习各行手艺，勿使饱食，滋生事端，教养兼施，尤为治民之良法。余当逐渐推衍，兴办期在必成。

盖凡人之生，未尝不知为衣食之计，惟少壮不努力，老大徒伤悲，芸芸众生，皆坐此病。今得在上者为之提撕而警觉，虽未受父母教育，尚不难求补于桑榆，是有此局，而幼年之失于学习者，可无虑矣。

始勤终惰，人情之常，习于嬉游，遂忘本务，而种种作奸犯科之事，遂从此起焉。今局中章程，凡无事流民，皆须收入，令各习一业，未学者尚须责令补习，岂已能者反令任其怠荒？是有此局，而半途之自甘暴弃者，又无虑矣。

百工居肆，以成其事，载之典籍，实为名言。今一局之中，货物则无种不备，教习则无业不精，以资质之高低，定学艺之粗细，量能而使，各有所长。是有此局，而常人之阻于境遇者，更无患矣。

总之，在局多一工作之子，即在外少一游惰之民；闾巷增一手艺之徒，即囹圄减一获罪之犯。果使人人皆勤于所事，工业即盛，国势日兴，而农与商亦将交受其益，谓非中国转弱为强之基哉！是在有治民责者之竭力提倡劝导而已矣。

——《民生日报》1912年9月17日"论说"栏

绅士与平民阶级之争斗

陈振飞　译

从来一切社会之历史，阶级争斗之历史也。纵观往古，如希腊之自由民与奴隶，罗马之贵族与平民，中世之领主与农奴、同业组合员与被雇职人等，此等阶级，简言之，即压制者与被压制者是也。此两者自古迄今，常相反目，或公然或隐然而行战争之事，此战争之结局，即成社会全体之革命的新建设，不然，则交战两阶级，俱归破坏焉。

吾人读上世之历史，而到处发现社会诸种种之秩序，观其组织则甚复杂，观其社会的阶级则极繁多；如古代之罗马，则有贵族、骑士、平民、奴隶之别，及诸中世，则有封建领主、家臣、同业组合员、被雇职人、徒弟、农奴之分，而是等中，又附属无数之差等者焉。

自封建社会之废墟以来，当代绅士之社会，亦非除却阶级的争斗者，不过立新阶级与压制之新手段并争斗之新形式，以代旧物而已。然此阶级之争斗，极其单纯，是即资本家时代之特征也。今之社会，全体割裂，恰如两个相对之大敌，直接对垒，而现二大阶级。其所谓阶级者何哉？曰绅士、曰平民是也。

夫自中世纪之农奴中，兴起而为初代都市之特许市民，而自此等市民中，又发达资本家之第一要义。盖美国之发见，喜望峰之回航，遂成资本家运隆之地。而东印度及支那①之诸市场，米国之殖

---

① "支那"作为古代域外对中国的旧称之一，直到清末民初，使用时并无贬义。此后，随着帝国主义的兴起，"支那"一词演变为近代日本侵略者对中国的蔑称。本书为保持历史文献原貌，对此词不作改动。余同此。

民与殖民地之贸易,交换之机关及货物之增加等,故当时商业、航海、造制工业,受空前之刺戟,从而衰弱的封建社会革命之要素,遂急激而发达者。

然工业的生产,独占于严密同业组合之手,而封建时代之工业制度,决不能应新市场需用之增加,故工场制度之制造业,以此代之。同业组合员,因中等阶级之制造家,遂被斥逐于一隅。其联合诸种同业组合间之分业,遂消灭于各个工场内的分业之面前。

斯时市场日益扩大,需用日益增加,而工场组织亦不能应之。于是乎,蒸汽及大机械,为生产事业之革命,以庞大的近世产业代工场之制度。工场的富豪实业家,即如产业军之总首领其人者,以代中等之制造家焉。

而此近世产业,即建设世界之市场。此世界之市场,实米国发见而先为之者,向商业、航海、交通为绝大之发达,更转而推进产业之发展。如此而产业、通商、航海、铁路之扩张,相为比例,而资本家亦日益发达,增加其资本,遂将中世纪残存之各阶级尽斥逐于后方。

由是观之,当代之资本家,借其长日月发展之结果,而生产交换之方法,实不知由几多革命而成。

此资本家之发达,长足进步,政治之权力,亦从而增进。其初彼等,则被压于封建贵族政权之下成一阶级,成为都市独立之共和政①,又或为王政治下之课税,不过为中世之武装自治团体耳。后至工场制度之时代,彼等之半封建,或因专制政治之王国,为贵族对抗之具,供大王国统一之基础。然近世产业,及世界之市场,自其初之建设,而资本家者,遂于近世代议政之国家,举其政权,全占断于其手中。而当代国家之行政部,直不过为资本家全部事务之管理一委员会而已。

故就其历史观之,则资本家者,实成极多之革命事功焉。

---

① "政"字后疑漏印一"体"字。

盖资本家者，一得其权势，遂灭绝到处之封建、门阀、诗歌等一切之关系。而封建之色丝，不绝容赦，人与人之间，唯单独之私利及刻薄之现金勘定外，无论如何，绝无关系。但彼宗教之热心、任侠之血性、儿女之人情等，则极神迷心醉；一切利害，尽沉溺于冷水之中。以交换之价格，代其人物之价值，以单纯无法之自由（即贸易自由），代其无数永续之特许的自由。此等动作，一言以蔽之，资本家者，从来以宗①及政治之虚装，变其覆面之掠夺，以为裸体、无耻、直接、残忍之掠夺者焉。

资本家者，剥夺各职业之后先，而享有名誉尊敬者也。如彼之医师、法律家、僧侣、科学者等，皆为彼之顾②佣的劳动者而已。

资本家者，破除家族间人情之覆面，而家族之关系，不过为金钱之关系而已。故于人类之活动，实为空前之物。其为不可思议欤，则远过埃及之三角塔、罗马之水道及中世之殿堂。其为断行之远征欤，前代一切国民之转移及十字军，则瞠乎若后。

资本家者，不断为生产机关之革命，从生产关系之革命，延及社会全体关系之革命，不然，则不能存在焉。反是而保存生产的旧方法，一定不变，此为前代工业阶级存在之要件，而非所论于今日也。故生产不断革命，常搅乱一切社会之组织，不安煽动，互相继续，此为资本家时代与前代相异之特征也。古果③凝固冻结之诸关系，及与此相随之偏见，一操④而空之。而新式之事物，在其未确立于前，速为废物者，比比皆是。坚牢者皆散而为气化，神圣者下降而为亵渎，故人遂不得不用其冷酷无情之心，而对于自己之境遇及同类之关系焉。

然因生产物连续而行，市场之扩张，是驱资本家而驰骋于全世

---

① "宗"字后疑漏印一"教"字。
② "顾"字疑应为"雇"字。
③ "古果"疑应为"古老"。
④ "操"疑应为"扫"。

界之上，随虞①栖身，随处移植，并随处而建设诸关系者也。

资本家者，因掠夺世界之市场，为各国之生产及消费，带有世界之性质。彼不顾保守人士之愤恚，由产业之根本，拔去国家之地盘；故现今旧有国民之产业，尽为破坏；其新产业，即取而代之。夫此产业之开始，实为文明之国民死活之问题焉。如此产业之原料，不待自国之产出，而来自天涯者。即产业之生产，亦不独为内国之用，更为世界各处之消费品。昔之需用，仅为内国之生产；今之需用，则要求遥远土地之生产物。昔为地方的、国家的，困居自得；今为世界各国民，各方面之交际，互相依赖。即精神之生产，亦如物质者然。一般国民精神之创作，为世界共同之物，国民之偏执僻见，益不可能，应自多数国民地方的文学之间，而创设世界之文学焉。

资本家者，急激改良一切生产之机关，转为交通便利之机关，因此一般国民，虽极野蛮，亦相率而入于文明之域。

彼恃商品之低廉，为重炮之用，而击破他国之城池。虽极憎恶外人之野蛮人，亦悉降服，各国民因是而免于灭亡焉。盖资本家者，不断运用其生产方法，而输入文明于彼等。即资本家者，用自己之形象，而创造世界者也。

资本家者，使地方归纳于都市之下，创设无数之都市者也。都会之人口增加，遂使多数之人民，脱离田园之生活，如此而令地方化为都市，更使野蛮及半开②之国民，化为文明国民焉者。

资本家者，除去人口生产之机关及财产散在之状态，而令人口团聚，集中生产机关，蓄积财产于少数之手，其必然之结果，即如政治之中央集权焉。彼别有法律、政府等独立诸州，或不甚联合之诸国，亦团结为同一政府、同一法律之国民。

是资本家者，仅于百年内外之支配，实创造开辟以来几多时代

---

① "虞"疑应为"处"。
② "开"字后疑漏印一"化"字。

合并的广大之生产力。屈服天然力，而为机械，工业、汽船、航路、铁道、电信、全大陆之开垦、河川之开通等，急用魔力，从地下唤起而来。如此伟大之生产力，包含社会，于前代人类中，果谁能之哉？

于此知资本家基础的生产及交换之机关，既早于封建时代，发其萌芽，而其生产及交换机关，十分发达，但财产的封建的关系，既不能与生产力相随而发达，则彼等自有许多之障碍物，而不能不破坏焉。

自由竞争，相代而进，则适合的社会政治之组织，及绅士阶级之经济、政治之权力等，皆相继而来。

此等变化，皆现于吾人之眼前者。今之社会，唤起生产及交换之大机关，恰如魔术师，用其咒文，唤起下界之诸魔，而失其制之之术焉。最近十数年间，商工业之历史，即生产力对于生产方法，并对于资本家财产存在之关系等，试行背叛之历史也。何者？彼商业上之恐慌，相隔一定之期，愈接愈励，遂至摇撼绅士社会之全部。当此恐慌之际，不仅现存生产物之大部分，定期破坏，即以前之生产力，亦并而破坏焉。此等之恐慌，于上代实为一种不可思议之流行病，而社会突如复归野蛮之状态，工业商业，一若全归破坏。其何故哉？此无他，实因文明之过多、衣食之过多、商业之过多耳。彼之生产力，应社会之命，既非为发达绅士财产制度之具，却比其制度而有余力，并超越制度之障碍而蹂躏之，使混乱绅士之全部，其财产制度，全属危险。此时绅士社会之制度，甚为狭隘，不足以包容大生产力产出之富。然此资本家，又何如而避此等之恐慌哉！无他，于一方则加强压，而破坏其生产力之大块，他方则征服新市场，及完成旧市场之掠夺事，即向广大猛烈之恐慌而进步，此谓之减却防遏恐慌之手段焉。

然资本家，其颠覆封建制度之武器，今反迎面而来。盖资本家，不独融铸其致死武器，又养成使用其武器之人。斯何人哉？近代劳级之平民是也。

斯资本家，随其资本发达，而同比例之平民，其劳动阶级，亦相附而进行。此劳动阶级者，仅生存于作事之间，其劳动亦必在增加资本之内，乃得任事。凡此等人不得不切卖其身也，此外之物品，同为一个之商品，于竞争场里，则有种种之变化，及于经济市场，则曝露其市价之高下焉。

然是等平民之劳动，因机械使用之增加及分业，全失其个人之性，又从而全失其兴味，则彼只为机械之附属物而已。彼之所为，仅得一最单纯容易所习之小技，故斯劳动者产出之费用，仅足以维持其一身，及繁殖其所必要之衣食而耳。然商品之价值，与其产出费相随。而劳动者亦仅成一商品，故作事益没趣味，从而赁银不得不次第减少。更甚焉者，从机械使用及分业之增加，或由劳动时间之延长，或于一定期内增加其劳动，又或为机械速力之增加等，而苦力之担负亦不得不增加也。

抑近世产业，在族长的主人之下，变小工场而为产业的资本家之大制造所，群集劳动者之团块，全如兵队之组织。彼等为产业军之士卒，而置于士官、下士等全权之下，为绅士阶级之奴隶。更因机械、监督、制造家等，刻刻为奴隶而被驱使。此专制之目的，单在营利之途，其可贱可厌，则更甚焉。

又劳动者，因被制造家之掠夺，卒至以现金为赁银，则彼更为资本家而外之地主、小贩商人之所利用。

然中等阶级之下属，诸职人及农夫等，不得不渐次沉没于平民之间。其原因半因彼等之小资本，不能为产业之大规模，又因彼等之专门技术，其新生产法，俱归无效。斯平民者，由社会各阶级，不绝而来补充者也。

此等平民，亦经种种阶级而发达。平民之初生，直与资本家共起争斗。各劳动者，先与直接掠夺自己之绅士对抗，次联给①制造所之职工，次联盟同业之工人。然彼等非攻击绅士生产之方法，只

---

① "给"疑应为"合"。

对于其生产之器具而行攻击而已。彼等即破坏彼等之劳动，及竞争之输入品，精碎机械，烧拂制造所，以其腕力务求回复中世劳动之旧态而后已。

夫此阶级之劳动者，犹为弛缓之团集，而散在全国。彼等因相互竞争，常自分裂，或有为紧密之团体，而决非自动之结合，实资本家结合之结果而已。当时资本家，为达其政治上之目的，不得已而动全国之平民，实为一时之有力者也。然于此阶级，则平民非为自己之敌，实为对敌之敌而已。斯历史上一切之运动，集中于资本家之手，因而得一切之胜利，悉为资本家之胜利焉。

夫与资本家，相对立于诸阶级中，为革命的阶级者，只此平①而已。近世产业，使一般之阶级，渐次衰颓，遂归消灭。惟平民则具殊之性质，且为吃紧之产物焉。

中等阶级下层之小制造家、小贩商人、职人、农夫等，亦皆与资本家开战。而彼等只欲免其中等阶级一分子之消灭，故彼决非革命的，而实保守的而已。若彼等真为革命的，将必入于平民界内，盖因研究将来之利害，遂放置其现在之位置，而自立于平民之地者也。

彼所谓危险阶级者，社会之渣滓及坠落旧社会最下层，而自然腐朽之团体，是等亦此处彼处而为平民革命之运动。但彼等生活之状态，依保守党之阴谋，而适为收贿之器耳。

一般旧社会之状态，今既沉没于平民状态之中，平民者，绝无财产，与其妻子之关系，决不同绅士家族之关系。夫近世产业之劳动，及近世资本家之压迫，英之与佛、米之与德，绝无差异。一般之平民，剥夺其国民之性质，无一存者。彼所取之法律、道德、宗教，皆是绅士之偏见，于其背后，当为伏兵，而隐匿绅士之利害者也。

一般时代之阶级，得其权势，而令一般之社会，屈从于彼等分

---

① "平"字后疑漏印一"民"字。

配条件之下,以防护其既得之状态。然平民者,自庇其从来分配之法,不然,则不能为社会生产力之主人。用是则不得不废止其从来分配法。彼等既无保护防卫之物,而对个人财产,一切防护保险,俱归破坏。

今观历史上一切运动,皆为少数利害之运动而已。然平民之运动则不然,因大多数之利害,为自觉独立之运动。盖因现在社会最下层之平民,于公权社会上层之全部,非由空中飞越,决不能自动自升也。平民对于资本家之争斗,就其形式而观,最初不免为一国的,因各国之平民,必先处理自国之资本家,而后联络其发达之大体,公然革命,倾覆资本家,而作平民权力之基础者焉。

——《民生日报》1912年9月20日、21日、23日,10月10日、17日、19日、24日"译论"栏

附录一：今译《共产党宣言》第一部分 "资产者和无产者"

至今一切社会的历史都是阶级斗争的历史。

自由民和奴隶、贵族和平民、领主和农奴、行会师傅和帮工，一句话，压迫者和被压迫者，始终处于相互对立的地位，进行不断的、有时隐蔽有时公开的斗争，而每一次斗争的结局都是整个社会受到革命改造或者斗争的各阶级同归于尽。

在过去的各个历史时代，我们几乎到处都可以看到社会完全划分为各个不同的等级，看到社会地位分成多种多样的层次。在古罗马，有贵族、骑士、平民、奴隶，在中世纪，有封建主、臣仆、行会师傅、帮工、农奴，而且几乎在每一个阶级内部又有一些特殊的阶层。

从封建社会的灭亡中产生出来的现代资产阶级社会并没有消亡阶级对立。它只是用新的阶级、新的压迫条件、新的斗争形式代替了旧的。

但是，我们的时代，资产阶级时代，却有一个特点：它使阶级对立简单化了。整个社会日益分裂成两大敌对的阵营，分裂为两大相互直接对立的阶级：资产阶级和无产阶级。

从中世纪的农奴中产生了初期城市的城关市民；从这个市民等级中发展出最初的资产阶级分子。

美洲的发现、绕过非洲的航行，给新兴的资产阶级开辟了新天地。东印度和中国的市场、美洲的殖民化，对殖民地的贸易、交换手段和一般商品的增加，使商业、航海业和工业空前高涨，因而使正在崩溃的封建社会内部的革命因素迅速发展。

以前那种封建的或行会的工业经营方式已经不能满足随着新市

场的出现而增加的需求了。工场手工业代替了这种经营方式。行会师傅被工业的中间等级排挤掉了；各种行业组织之间的分工随着各个作坊内部的分工的出现而消失了。

但是，市场总是在扩大，需求总是在增加。甚至工场手工业也不再能满足需要了。于是，蒸汽和机器引起了工业生产的革命。现代大工业代替了工厂手工业；工业中的百万富翁、一支一支产业大军的首领、现代资产者，代替了工业的中间等级。

大工业建立了由美洲的发现所准备好的世界市场。世界市场使商业、航海业和陆路交通得到了巨大的发展。这种发展又反过来促进了工业的扩展，同时，随着工业、商业、航海业和铁路的扩展，资产阶级也在同一程度上发展起来，增加自己的资本，把中世纪遗留下来的一切阶级排挤到后面去。

由此可见，现代资产阶级本身是一个长期发展过程的产物，是生产方式和交换方式的一系列变革的产物。

资产阶级的这种发展的每一个阶段，都伴随着相应的政治上的进展。它在封建主统治下是被压迫的等级，在公社里是武装的和自治的团体，在一些地方组成独立的城市共和国，在另一些地方组成君主国中的纳税的第三等级；后来，在工厂手工业时期，它是等级君主国或专制君主国中同贵族抗衡的势力，而且是大君主国的主要基础；最后，从大工业和世界市场建立的时候起，它在现代的代议制国家里夺得了独占的政治统治。现代的国家政权不过是管理整个资产阶级的共同事务的委员会罢了。

资产阶级在历史上曾经起过非常革命的作用。

资产阶级在它已经取得了统治的地方把一切封建的、宗法的和田园诗般的关系都破坏了。它无情地斩断了把人们束缚于天然尊长的形形色色的封建羁绊，它使人和人之间除了赤裸裸的利害关系，除了冷酷无情的"现金交易"，就再也没有任何别的联系了。它把宗教虔诚、骑士热忱、小市民伤感这些情感的神圣发作，淹没在利己主义打算的冰水之中。他把人的尊严变成了交换价值，用一种没有良心的贸易自由代替了无数特许的和自力挣得的自由。总而言之，他用公开的、无耻的、直接的、露骨的剥削代替了由宗教幻想和政治幻想掩盖着的剥削。

资产阶级抹去了一切向来受人尊崇和令人敬畏的职业的神圣光环。它把医生、律师、教士、诗人和学者变成了它出钱招雇的雇佣劳动者。

资产阶级撕下了罩在家庭关系上的温情脉脉的面纱，把这种关系变成了纯粹的金钱关系。

资产阶级揭示了，在中世纪深受反动派称许的那种人力的野蛮使用，是以极端怠惰作为相应补充的。它第一个证明了，人的活动能够取得什么样的成就。它创造了完全不同于埃及金字塔、罗马水道和哥特式教堂的奇迹；它完成了完全不同于民族大迁徙和十字军征讨的远征。

资产阶级除非对生产工具，从而对生产关系，从而对全部社会关系不断地进行革命，否则就不能生存下去。反之，原封不动地保持旧的生产方式，却是过去的一切工业阶级生存的首要条件。生产的不断变革，一切社会状况不停的动荡，永远的不安定和变动，这就是资产阶级时代不同于过去一切时代的地方。一切固定的僵化的关系以及与之相适应的素被尊崇的观念和见解都被消除了，一切新形成的关系等不到固定下来就陈旧了。一切等级的和固定的东西都烟消云散了，一切神圣的东西都被亵渎了。人们终于不得不用冷静的眼光来看他们的生活地位、他们的相互关系。

不断扩大产品销路的需要，驱使资产阶级奔走于全球各地。它必须到处落户，到处开发，到处建立联系。

资产阶级，由于开拓了世界市场，使一切国家的生产和消费都成为世界性的了。使反动派大为惋惜的是，资产阶级挖掉了工业脚下的民族基础。古老的民族工业被消灭了，并且每天都还在被消灭。它们被新的工业排挤掉了，新的工业的建立已经成为一切文明民族的生命攸关的问题；这些工业所加工的，已经不是本地的原料，而是来自极其遥远的地区的原料；它们的产品不仅供本国消费，而且同时供世界各地消费。旧的、靠本国产品来满足的需要，被新的、要靠极其遥远的国家和地带的产品来满足的需要所代替了。过去那种地方的和民族的自给自足和闭关自守状态，被各民族的各方面的互相往来和各方面的互相依赖所代替了。物质的生产是如此，精神的生产也是如此。各民族的精神产品成了公共的财产。民族的片面性和局限性日益成为不可能，于是由许多种民族的和地方的文学形成了一种世界的文学。

资产阶级，由于一切生产工具的迅速改进，由于交通的极其便利，把一切民族甚至最野蛮的民族都卷到文明中来了。它的商品的低廉价格，是它用来摧毁一切万里长城、征服野蛮人最顽强的仇外心理的重炮。它迫使一切民族——如果它们不想灭亡的话——采用资产阶级的生产方式；它迫使它们在自己那里推行所谓的文明，即变成资产者。一句话，它按照自己的面貌为自己创造出一个世界。

资产阶级使农村屈服于城市的统治。它创立了巨大的城市，使城市人口比农村人口大大增加起来，因而使很大一部分居民脱离了农村生活的愚昧状态。正像它使农村从属于城市一样，它使未开化和半开化的国家从属于文明的国家，使农民的民族从属于资产阶级的民族，使东方从属于西方。

资产阶级日甚一日地消灭生产资料、财产和人口的分散状态。它使人口密集起来，使生产资料集中起来，使财产聚集到少数人的手里。由此必然产生的结果就是政治的集中。各自独立的、几乎只有同盟关系的、各有不同利益、不同法律、不同政府、不同关税的各个地区，现在已经结合为一个拥有统一的政府、统一的法律、统一的民族阶级利益和统一的关税的统一的民族。

资产阶级在它的不到一百年的阶级统治中所创造的生产力，比过去一切世代创造的全部生产力还要多，还要大。自然力的征服，机器的采用，化学在工业和农业中的应用，轮船的行驶，铁路的通行，电报的使用，整个大陆的开垦，河川的通航，仿佛用法术从地下呼唤出来的大量人口——过去哪一个世纪料想到在社会劳动里蕴藏有这样的生产力呢？

由此可见，资产阶级赖以形成的生产资料和交换手段，是在封建社会里造成的。在这些生产资料和交换手段发展的一定阶段上，封建社会的生产和交换在其中进行的关系，封建的农业和工场手工业组织，一句话，封建的所有制关系，就不再适应已经发展的生产力了。这种关系已经在阻碍生产而不是促进生产了。它变成了束缚生产的桎梏。它必须被炸毁，它已经被炸毁了。

起而代之的是自由竞争以及与自由竞争相适应的社会制度和政治制度、资产阶级的经济统治和政治统治。

现在我们眼前又进行着类似的运动。资产阶级的生产关系和交换关系，资产阶级的所有制关系，这个曾经仿佛用法术创造了如此庞大的生产资料和交换手段的现代资产阶级社会，现在像一个魔法师一样不能再支配自己用法术呼唤出来的魔鬼了。几十年来的工业和商业的历史，只不过是现代生产力反抗现代生产关系、反抗作为资产阶级及其统治的存在条件的所有制关系的历史。只要指出在周期性的重复中越来越危及整个资产阶级社会生存的商业危机就够了。在商业危机期间，总是不仅有很大一部分制成的产品被毁灭掉，而且有很大一部分已经造成的生产力被毁灭掉。在危机期间，发生一种在过去一切时代看来都好像是荒唐现象的社会瘟疫，即生产过剩的瘟疫。社会突然发现自己回到了一时的野蛮状态；仿佛是一次饥荒、一场普遍的毁灭性战争，使社会失去了全部生活资料；仿佛是工业和商业全被毁灭了。这是什么缘故呢？因为社会上文明过度，生活资料太多，工业和商业太发达。社会所拥有的生产力已经不能再促进资产阶级文明和资产阶级所有制关系的发展；相反，生产力已经强大到这种关系所不能适应的地步，它已经受到这种关系的阻碍；而它一着手克服这种障碍，就使整个资产阶级社会陷入混乱，就使资产阶级所有制的存在受到威胁。资产阶级的关系已经太狭窄了，再容纳不了它本身所造成的财富了。资产阶级用什么办法来克服这种危机呢？一方面不得不消灭大量生产力，另一方面夺取新的市场，更加彻底地利用旧的市场。这究竟是怎样的一种办法呢？这不过是资产阶级准备更全面更猛烈的危机的办法，不过是使防止危机的手段越来越少的办法。

资产阶级用来推翻封建制度的武器，现在却对准资产阶级自己了。

但是，资产阶级不仅锻造了置自身于死地的武器；它还产生了将要运用这种武器的人——现代的工人，即无产者。

随着资产阶级即资本的发展，无产阶级即现代工人阶级也在同一程度上得到发展；现在的工人只有当他们找到工作的时候才能生存，而且只有当他们的劳动增殖资本的时候才能找到工作。这些不得不把自己零星出卖的工人，像其他任何货物一样，也是一种商品，所以他们同样地受到竞争的一切变化、市场的一切波动的影响。

由于推广机器和分工，无产者的劳动已经失去了任何独立的性质，因而对工人也失去了任何吸引力。工人变成了机器的单纯的附属品，要求他做的只是极其简单、极其单调和极容易学会的操作。因此，花在工人身上的费用，几乎只限于维持工人生活和延续工人后代所必需的生活资料。但是，商品的价格，从而劳动的价格，是同它的生产费用相等的。因此，劳动越使人感到厌恶，工资也就越减少。不仅如此，机器越推广，分工越细致，劳动量也就越增加，这或者是由于工作时间的延长，或者是由于在一定时间内所要求的劳动的增加，机器运转的加速，等等。

现代工业已经把家长式的师傅的小作坊变成了工业资本家的大工厂。挤在工厂里的工人群众就像士兵一样被组织起来。他们是产业军的普通士兵，受着各级军士和军官的层层监视。他们不仅仅是资产阶级的、资产阶级国家的奴隶，他们每日每时都受机器、受监工、首先是受各个经营工厂的资产者本人的奴役。这种专制制度越是公开地把营利宣布为自己的最终目的，它就越是可鄙、可恨和可恶。

手的操作所要求的技巧和气力越少,换句话说,现代工业越发达,男工也就越受到女工和童工的排挤。对工人阶级来说,性别和年龄的差别再没有什么社会意义了。他们都只是劳动工具,不过因为年龄和性别的不同而需要不同的费用罢了。

当厂主对工人的剥削告一段落,工人领到了用现钱支付的工资的时候,马上就有资产阶级中的另一部分人——房东、小店主、当铺老板等等向他们扑来。

以前的中间等级的下层,即小工业家、小商人和小食利者,手工业者和农民——所有这些阶级都降落到无产阶级的队伍里来了,有的是因为他们的小资本不足以经营大工业,经不起较大的资本家的竞争;有的是因为他们的手艺已经被新的生产方法弄得不值钱了。无产阶级就是这样从居民的所有阶级中得到补充的。

无产阶级经历了各个不同的发展阶段。它反对资产阶级的斗争是和它的存在同时开始的。

最初是单个的工人,然后是某一工厂的工人,然后是某一地方的某一劳动部门的工人,同直接剥削他们的单个资产者作斗争。他们不仅仅攻击资产阶级的生产关系,而且攻击生产工具本身;他们毁坏那些来竞争的外国产品,捣毁机器,烧毁工厂,力图恢复已经失去的中世纪工人的地位。

在这个阶段上,工人是分散在全国各地并为竞争所分裂的群众。工人的大规模集结,还不是他们自己联合的结果,而是资产阶级联合的结果,当时资产阶级为了达到自己的政治目的必须而且暂时还能够把整个无产阶级发动起来。因此,在这个阶段上,无产者不是同自己的敌人作斗争,而是同自己的敌人的敌人作斗争,即同专制君主制的残余、地主、非工业资产者和小资产者作斗争,因此,整个历史运动都集中在资产阶级手里;在这种条件下取得的每一个胜利都是资产阶级的胜利。

但是,随着工业的发展,无产阶级不仅人数增加了,而且结合成更大的集体，它的力量日益增长，而且它越来越感觉到自己的力量。机器使劳动的差别越来越小，使工资几乎到处都降到同样低的水平，因而无产阶级内部的利益、生活状况也越来越趋于一致。资产者彼此间日益加剧的竞争以及由此引起的商业危机，使工人的工资越来越不稳定；机器的日益迅速的和持续不断的改良，使工人的整个生活地位越来越没有保障；单个工人和单个资产者之间的冲突越来越具有两个阶级的冲突的性质。工人开始成立反对资产者的同盟；他们联合起来保卫自己的工资。他们甚至建立了经常性的团体，以便为可能发生的反抗准备食品。有些地方，斗争爆发为起义。

  工人有时也得到胜利，但这种胜利只是暂时的。他们斗争的真正成果并不是直接取得的成功，而是工人的越来越扩大的联合。这种联合由于大工业所造成的日益发达的交通工具而得到发展，这种交通工具把各地的工人彼此联系起来。只要有了这种联系，就能把许多性质相同的地方性的斗争汇合成全国性的斗争，汇合成阶级斗争。而一切阶级斗争都是政治斗争。中世纪的市民靠乡间小道需要几百年才能达到的联合，现代的无产者利用铁路只要几年就可以达到了。

  无产者组织成为阶级，从而组织成为政党这件事，不断地由于工人的自相竞争而受到破坏。但是，这种组织总是重新产生，并且一次比一次更强大、更坚固、更有力。它利用资产阶级内部的分裂，迫使他们用法律形式承认工人的个别利益。英国的十小时工作日法案就是一个例子。

  旧社会内部的所有冲突在许多方面都促进了无产阶级的发展。资产阶级处于不断的斗争中：最初反对贵族；后来反对同工业进步有利害冲突的那部分资产阶级；经常反对一切外国的资产阶级。在这一切斗争中，资产阶级都不得不向无产阶级呼吁，要求无产阶级援助，这样就把无产阶级卷进了政治运动。于是，资产阶级自己就把自己的教育因素即反对自身的武器给予了无产阶级。

其次，我们已经看到，工业的进步把统治阶级的整批成员抛到无产阶级队伍里去，或者至少也使他们的生活条件受到威胁。他们也给无产阶级带来了大量的教育因素。

最后，在阶级斗争接近决战的时期，统治阶级内部的、整个旧社会内部的瓦解过程，就达到非常强烈、非常尖锐的程度，甚至使得统治阶级中的一小部分人脱离统治阶级而归附于革命的阶级，即掌握着未来的阶级。所以，正像过去贵族中有一部分人转到资产阶级方面一样，现在资产阶级中也有一部分人，特别是已经提高到能从理论上认识整个历史运动的一部分资产阶级思想家，转到无产阶级方面来了。

在当前同资产阶级对立的一切阶级中，只有无产阶级是真正革命的阶级。其余的阶级都随着大工业的发展而日趋没落和灭亡，无产阶级却是大工业本身的产物。

中间等级，即小工业家、小商人、手工业者、农民，他们同资产阶级做斗争，都是为了维护他们这种中间等级的生存，以免于灭亡。所以，他们不是革命的，而是保守的。不仅如此，他们甚至是反动的，因为他们力图使历史的车轮倒转。如果说他们是革命的，那是鉴于他们行将转入无产阶级的队伍，这样，他们就不是维护他们目前的利益，而是维护他们将来的利益，他们就离开自己原来的立场，而站到无产阶级的立场上来。

流氓无产阶级是旧社会最下层中消极的腐化的部分，他们在一些地方也被无产阶级革命卷到运动里来，但是，由于他们的整个生活状况，他们更甘心于被人收买，去干反动的勾当。

在无产阶级的生活条件中，旧社会的生活条件已经被消灭了。无产者是没有财产的；他们和妻子儿女的关系同资产阶级的家庭关系再没有任何共同之处了；现代的工业劳动，现代的资本压迫，无论在英国或法国，无论在美国或德国都是一样的，都使无产者失去了任何民族性。法律、道德、宗教在他们看来全是资产阶级偏见，隐藏在这些偏见后面的全是资产阶级利益。

过去一切阶级在争得统治之后，总是使整个社会服从于它们发财致富的条件，企图以此来巩固他们已经获得的生活地位。无产者只有废除自己的现存的占有方式，从而废除全部现存的占有方式，才能取得社会生产力。无产者没有什么自己的东西必须加以保护，他们必须摧毁至今保护和保障自有财产的一切。

　　过去的一切运动都是少数人的，或者为少数人谋利益的运动。无产阶级的运动是绝大多数人的，为绝大多数人谋利益的独立的运动。无产阶级，现今社会的最下层，如果不炸毁构成官方社会的整个上层，就不能抬起头来，挺起胸来。

　　如果不就内容而就形式来说，无产阶级反对资产阶级的斗争首先是一国范围内的斗争。每一个国家的无产阶级当然首先应该打倒本国的资产阶级。

　　在叙述无产阶级发展的最一般的阶段的时候，我们循序探讨了现存社会内部或多或少隐蔽着的国内战争，直到这个战争爆发为公开的革命，无产阶级用暴力推翻资产阶级而建立自己的统治。

　　我们已经看到，至今的一切社会都是建立在压迫阶级和被压迫阶级的对立之上的。但是，为了有可能压迫一个阶级，就必须保证这个阶级至少有能够勉强维持它的奴隶般的生存的条件。农奴曾经在农奴制度下挣扎到公社成员的地位，小资产者曾经在封建专制制度的束缚下挣扎到资产者的地位。现代的工人却相反，他们并不是随着工业的进步而上升，而是越来越降到本阶级的生存条件以下。工人变成赤贫者，贫困比人口和财富增长得还要快。由此可以明显地看出，资产阶级再不能做社会的统治阶级了，再不能把自己阶级的生存条件当作支配一切的规律强加于社会了。资产阶级不能统治下去了，因为它甚至不能保证自己的奴隶维持奴隶的生活，因为它不得不让自己的奴隶落到不能养活它反而要它来养活的地步。社会再不能在它统治下生存下去了，就是说，它的生存不再同社会相容了。

　　资产阶级生存和统治的根本条件，是财富在私人手里的积累，是资本的形成和增殖；资本的条件是雇佣劳动。雇佣劳动完全是建立在工人的自相竞争之上的。资产阶级无意中造成而又无力抵抗的工业进步，使工人通过结社而达到的革命联合代替了他们由于竞争而造成的分散状态。于是，随着大工业的发展，资产阶级赖以生产和占有产品的基础本身就从它的脚下被挖掉了。它首先生产的是它自身的掘墓人。资产阶级的灭亡和无产阶级的胜利是同样不可避免的。

（马克思、恩格斯：《共产党宣言》，中共中央马克思恩格斯列宁斯大林著作编译局编译，人民出版社2018年版，第27－40页。）

长堤地价之飞涨

今 我

欧美繁盛市场,地价之高昂,常有一日千里之概,地主之入利愈丰,平民之生计愈拙,谈民生主义者所深忧也。

虽然,吾粤反正以后,商业凋弊,一般社会,方虑兴复之无期,若一旦地价飞涨,则商业之逐渐繁盛,不言可知,是则欧美所引为深忧者,吾国今日转当闻之而色喜也。

夫长堤地价,每井涨至八百余金,视香港最繁盛之区,曾不少逊,况乎大沙头即筑以后,马路纵横,其繁荣又当何若耶!

——《民生日报》1912年10月24日"短评"栏

吾国人当助各国革命

止 戈

二十世纪无君主，势之所趋，亦理之所在，非人力所得而抑阻之者也。东方开化较先，而政体之进步转让西土，虽然，飞不翔鸣，鸣则惊人，酣梦一醒，有足骇白人耳目者。

自吾民国告成以后，东亚革命之潮流澎湃冲激，君主皇族与夫强权家家①、殖民官吏，有岌岌不可终日之概。南亚诸邦之跃跃，固已潜进直进，一日千里；西北强俄，其国民亦冒死蹈危，懦懦然动于铁骑之下。而蕞尔乌邦，知不可以伪立宪终也，革命党亦皇皇如弗及焉。

记者于此窃持两义，衍为问题，愿质明达。其一曰，革命之机，有因不堪少数人之覆压而起者，有因异族之凌夷而起者，而皆以改良政治为前提，是果为人道保障欤？其二曰，中国积数千年之敝政陋俗，必待一革命而始有生机，各国革命果有利于中国乎？是二者，吾人苟一致思，了无疑义，将可一言决之曰，革命者，人道进化之必经阶级，万不容已者也。

又曰，革命家为保障人道而来，及其成功也，必不以非道者加诸中国，是吾国莫大利益也。审此二义，宜若当为者矣。义者宜也，宜于革，则不革者非义矣！如知其非义，斯速耳已。各国革命家之汲汲不遑，盖以此故，则吾人为人道计，为己国利益计，有当尽力焉者，固矣！

而奈吾人独漠然如秦视越也。或曰，吾国粗举规模，危机尚急，自保不暇，遑论助人？是固然也。然亦知有直接自救之法，有

---

① 后一"家"字疑为衍字。

间接自救之法，利固相等，功固同收。请言其证。俄国之于蒙古，如牵羊入牢，一步紧一步，革命军起，蒙事略松矣。今者革命失败，俄人想得分力东方，如革命之进行有利，可决吾北顾之忧可舒也。日本迁都三韩之议，腾播全国，一以制支那，一以遁革命也。如革命之进行神速，彼不能从容布置，我东省之患可舒也。使印度而革命进行得利，吾西藏可绝英人来路也。使安南而革命进行如愿，白人之于远东且大创，将非乞于我不为保其商利，尚克践踏蹂躏、为所欲为乎？是吾国人之助人，直以自助而已矣。而排强权，伸公理，义声且振于六合，岂不伟欤！以所见于记者之目而闻于记者之耳者，人皆已磨刀欲试，固不待吾国魄力薄弱、智识幼□之人助之也。然义之所在，有不能不为国人告者，亦唯国人见义勇为而已耳。

——《民生日报》1912 年 11 月 4 日

光复纪念中之民生希望

止　戈

　　日来社会之声浪所嘈嘈者，非光复本省之一周纪念乎！光复之者，失于人而复得之谓。吾国沦于满族几三百年，光复一旦，诚盛典也。顾有革命而后有所谓光复，而第光复主权，则未足以尽革命之作用。革命所以求完全幸福，所谓完全幸福，亦非居诸一小部分之人，而必人人沾之，是则民生主义，所由为革命之目的也。然则举国之人，几许热望随光复以生，光复之后，当有几许经营期副此热望，而一周之间，有不必言者矣。人无希望即无进取，请自今始，复为国人成立一民生上之无穷希望，可乎？

　　民之所以为生者，胥在农工商，农工商之得安厥生者，端以政治、法律为保障。民主之国，立法在民。行政在民选之公仆，距此纪念日不遥，正式选举实行矣。吾希望国人对此纪念，知中国艰难光复得来，尤须慎选秀民握立法之权，为吾国保全无限权利，做以后无限光荣。此纪念中之立法上希望一。

　　民国行政官之最高者曰总统，而总统亦胎产自议会，议会良则总统不难得其人，总统善则一般行政官皆善者众矣。故使各界之第一希望得达，则有良法制斯有好官吏，而政治兴矣。此纪念中之行政上希望二。

　　法律、政治既完满，乃差可以言民生。如农，非举国人劬劬于陇亩，便足以谓农业果兴也。盖有农业矣，然以世界的比较之，有优劣焉。必须董之以农政，而水利之经营、林田之区划，又必统全国而划一之，夫然后均，均而后民俱厚也。况乎地主、佣役之间，最易酿不平等之争攘，消解于未然，制止于机之未动，是尤为民生主义之肯綮。如工，亦非尽人勤于肆而已然也，所贵乎工者，以能穷人之巧、尽物之力以利日用为最,而科学在所当先矣。若夫资本家之凶焰,转伏后来经济革命之机,是更非谭民生主义者所欲闻见。然则农也工也,惟求其均而愈厚,厚而益均。此则纪念中之民生希望三。

要之吾人抱三民主义而来,其始也希望成功,其继也希望光大,光之大之,时乎时乎!愿国人庆忭之余,一长思也。

——《民生日报》1912年11月8日"论说"栏

消极的救贫法

——去分利分子

止 戈

国以民为基本，积个人分子以成国，故一国之贫商①，莫不以其人民之生产力为卫。生产力强，分利者少，一人所生之利，其力常有余，则其国必富且强。反是，以一人能力，供数人之需用，以少数人之资产，供多数人之消耗，需要、供给两不相敌，则未有不贫且弱者。吾国患贫今日而极，所以致此，正坐其弊。请言分利分子，复衍其比较之数如下。

（甲）似分利实生利，而在今日则纯乎为分利者

一曰官，官所为行政执法，当未大同之前，不能一日或缺，则官虽非致力于生产，似属分利，而其致力于保护生产，则仍为生利者也。惟今日之官，道德不高，行为时不合法，多见其殃民误民，鲜含其保障之利者，是纯乎为分利分子。

二曰兵，兵于国家主义盛行时代未能遽废，苟能尽力保卫生产者，尚属分利而究生利。第今日之兵，无赖变相，未受教育，行恶则有余，保护则不足，而广东一省，已月靡饷项百余万，是纯乎为分利分子。

（乙）始终纯为分利者

一为穷奢极欲之人，纨绔子弟，不辨菽麦，幼年即无正常之教育，壮年则习惯性成，安于逸乐，挥霍之余，至绝生计，穷蹙无归，遂为社会之惰民。此分利者一。

一为好闲游手之人，风俗不良，根器薄者辄易濡染，强者率变

---

① "商"字疑应为"富"。

匪徒，弱者流为乞丐，妨害治安，扰乱秩序。此为分利者二。

一为非正当营业之人，迎社会之心理，操不名誉之营业，甘居下流，借盘重利，如粤中之承捐者，其一例也。此分利者三。

（丙）暂时分利将来生利者

一为学生，学生求学时，不能兼修生业，或仰给于家庭，或仰给于社会，然其从事实学，发展之日即足以利群者，生利之徒也。若如海陆军、法律、政治之学生，则始终为分利分子。

（丁）本可生利而使之分利者

一为妇女，妇女同此生育，同此官骸，惟中国人，侪诸玩品，常一人而供给数妇女之消费，持家者力竭，而社会蠹出矣。此妇人之分利，而实直接为社会害者也。

右举大略，妇人居其半，余一半，则男人之分利者又居其半，是以一人而供给四人也。以吾国人生计程度之低，一人供给四人，惨矣！又况分利者必消费大于生利者十倍（如一官吏之消费与一农夫较，富子之消费与一工人较可也），是直以一人而供给三十余人也。夫如是，国焉得不穷，民焉得不困，而胼手胝足之农工，直一般分利者之马牛而已，呜呼！悲夫！

今日竞言兴业矣，兴业因所以救正此弊也。然则一方面当注重公共事业，发展普通人之生产力，一方面尤当消减右列之特别分利分子，吾民庶有苏息之日乎！积极消极，同时并举，稍一缓急，无噍类矣！

——《民生日报》1912 年 11 月 13 日"论说"栏

最高度之民生主义

止 戈

说者以为民族主义行,而后民权得以伸,民权伸而后民生厚,厘然若有程序,不容紊乱丝毫者也。其然?岂其然!民权至共和而极,今号共和,民权何如矣?大抵人权之不伸,由于政治压力者半,由于金钱压力者又半,政治压力犹仅及其表,金钱压力及其里,表里并压,则有缩无伸,勿庸论矣。若徒于政治方面略伸其权,则必至酿成富人政治世界,而大多数平民表里受压如故也。民权之长,至如法美,亦惟有富民之权而已矣。中国步武共和,是舍专制君主之压力,而就富民之压力,自今以往,其祸未有艾也。蠲除此弊,其惟民生主义乎!欲发达完全之人权,其惟促进最高度之民生主义乎!

说者又以为民生主义,不过振作凡百业务,增生产之限额,供多量之需求,物价求其廉,工价求其昂,如是小民食其利,如斯而已矣。噫嘻!甚小视民生主义乎!诚如是,劣种国民优为之,何劳竭世界社会党之能力,而未得达此目的乎?盖振作业务、增加生产,经济家之事,虽增量无数,只供资本家之垄断,小民无与焉者也。民生主义若斯而已哉?

故其高度之民生主义者,解除最深最重之压力者也。解除之法奈何?曰均而已矣!曰取生产机关于资本家之手,还而公诸大众而已。其为利也,三尺童子能知之。其行进也,勇烈之士却步焉。何也?欲求达于此域,非兴大仁心仁术、辅之剧烈之手段不可也!如之何其有待于此?则以政治家恃资本家为生活,资本家倚政治家为保障,互相利用,固结莫解。有排资本家者乎,必先剪灭政治家始!若是未易言也,盖最高度之民生主义,解政治之传①,芟金钱之压力,而恢复完全之人权者也。宁为时趋之口头禅而遂得之乎?语其学理,累千万言勿尽也。因揭其要,以为喜谭此者告。

——《民生日报》1913 年 1 月 13 日 "论说" 栏

---

① "传" 字疑应为 "缚" 字。

改良街市与民生主义

锈

改良街市问题，论者不一其说，知其利者固十之八九，而以为未善、尚须斟酌者亦不乏其人也。夫改良街市，利交通即所以繁商务，早已尽人皆知，已无待记者之赘言。而改良街市之关系于民生主义者，实比之利交通、繁商务为犹大，记者又不得不略作陈述者也。

吾粤之社会现象，虽不足与语托拉斯世界，而观乎欧风美雨，澎湃而来，潮流所趋，难保不见诸异日。若时至而后思防，不若早为之备也。托拉斯之肆虐，莫要于地权。地权者，托拉斯所以奴隶平民之鞭策也。欲地权不入托拉斯之手，惟有及今处置之，使多人占其分子，以杀其势于先，纵有巨大之托拉斯出现，亦未易由其一手垄断也。以广州市而论，其未入托拉斯之手者，有幸耳。长堤之地价七百元一方丈者有之矣，而城内及西关地价之昂者，仍未及十之二三。苟有巨大之富豪、具远大之识力者，仗其金钱势力而肆其蚕食鲸吞之计，则一方之土地几何而不入其彀中？则左右商场实易如反掌，一切小资本家不①被其一口吸尽者。今幸具此资本、具此识力者尚未出，其人得以从容布置。一经改良之后，地价渐以增长，他日纵有巨大之托拉斯出现，亦以无大利可图，且人民经此改革之观感，不至为彼所愚，彼之势力亦未易横施也。

金钱之势力，其终点必归于地权。盖金钱者，价易中记数之一物，彼之金钱既多，无可受纳，不能不归于地权也。故欲觇一方之贫富，即其地价之高下可以知之。设有一岛焉，其面积为十万亩，

---

① "不"字前疑漏排一"无"字。

若其地价甚廉,每亩仅值十金,则有金钱百万者可以尽购其全岛矣。试思全岛土地归诸一人之手,则全岛人民非逃之异域,则必作托拉斯者之农奴,其民生之困苦又如何耶!若其地价亩值百元,则持百万金钱者仅购其地十分之一;其地价亩值千元,则持百万金钱者仅购其地百分之一,金钱虽巨,亦未易肆其虐也。可知今日之广州市实有不能不昂其地价者,但听其自然而昂,不难流归托拉斯之手。今幸政府倡改良街道之议,则将见地价一跃而上腾,则托拉斯无所施其势力,而民生最巨大之敌害潜消于无形,厥功不亦伟哉!至于土木兴而游民有业,商务盛而财源自裕,市业兴而野业转进,则犹其余事耳。为民生谋永久之安乐者,必有兴起而赞助此事之速成也。

——《民生日报》1913年3月13日"论说"栏

劳动为价值本原

——社会主义之一大原理

佚 名

德国首倡社会主义拉拔打氏曰：经济价值无一非由劳动出产，斯理诚社会主义之根据。所谓劳动者，非徒指劳力，乃兼劳心，及凡有益社会之劳动者，第社会中劳力之人居大多数，又处于最不平等之地位，对于社会主义易相交感而已。若夫思想家发明新裁，格致家利用物质，教育家维持法则，警察实行律例，商贾之利便交通，医生之保护民命，文学家进化思想之策励，政治家国家正义之保持，教士以道德教人，志士以鼓吹成事，均可称之劳动。以劳力者，出产经济货物，有密切之关系也。

所谓价值者何？经济家以价值指有用者言，其中分为两种，可以交换而得，与不必交换而得者是也。一则自然而为有用之价值；一则有所交换而后得其用之价值。生气为人之所养也，日为世之光也，皆不必有所交换，而后可得其用之价值也。今之所谓价值者，专指交换别物之价值，举凡货财、屋宇、土地、矿场、机械，一切产业器用，可以用银购买，或以物相换，始谓为价值，其实可总名之也。劳动为所有价值之本原，无劳动则无价值，所有社会主义大家、经济学大家，皆同一意。试取一物而言之，莫不由劳动而来者。吾目所见之灶炉也，吾身所穿之衣服也，其间铁扇之开合、丝麻之制作，无一不由劳动成者也，推之各物皆然。由此观之，劳动为价值之原本，已彰然显著矣。

或曰：凡出产一物，必资本之是需，然则资本可为价值之本原也。曰：所指者何为资本也？谓器具为资本则可，谓钱财为资本则不可。譬之一人独困一岛，无别人与之交换，虽有钱财，饥不得而食，寒不得而衣也。若至器具则无论锄铲刀斧，均有用处，是可知钱财决非资本，而工人所用以制造物件之器械，与夫用以制造物件之材料，乃真资本也。资本□性质，虽如是，而资本究非价值之本原。盖有器械之真资本，与所谓钱财之资本，无劳动不能制造一针、出产一谷，惟有劳动庶可为之。故谓用资本以出产价值则是，谓资本为价值本原则非。且资本亦一价值物耳，亦为劳动所造者也。向来社会之眼光，视资本驾乎劳动之上，以致有今日流败焉。实则劳动应在资本之上，确乎为价值之本原也。

——《民生日报》1913年4月1日"译丛"栏

劳动社启

刘 靖

噫嘻！居今日而谈世事，孰不以振兴实业为筹画民生之惟一主义乎？然究其实际，如矿路、垦植事业，非政府订立专条，而又富有资本、夙深谙练者，即将无从措办，然则闲居失业之徒，不几束手待毙乎？是乌乎可！

鄙人曾充军职，嗣因共和造成，南北统一，军队返粤，解职归里，暇时于劳动界中各事倍加注意，爰发起劳动社，勉尽人力，聊赡身家。顾说者谓苦力乃贱役之代名词也，得不贻军界羞而来世人之指摘讪笑乎？噫！是何言欤！亦何不谅鄙人苦衷之甚耶！

鄙人之特设是社者，正恐人之心里①以劳动为卑琐、龌龊、可丑、可羞，举一切劳动生涯概行放弃，而甘于待兔以守株、困鲋于涸辙，用是出为倡之，俾知自勤其业、自食其力、自全其身家，予求予取，无竞无争，推诸士农工商，凡前贵而后贱、昔富而今贫者，皆可从而效法。无论矿路、垦荒、种植、牧畜、扛抬、肩挑、手提，视吾之所能胜者，蠲无谓之羞惭，营有益之事业，则本社创其始，众志继其后，既可借以开通风气，并隐助国家，以养育编氓，诚一举而数善备焉。

况古来名哲，如大舜之陶渔、傅说之版筑、伊尹之割烹，他如一代伟人，屠沽负贩起家，自古迄今不可胜计。即泰西各国名哲，沽负起家，载诸史册。近如博士而充劳动、贵妇而御马车、学生而充苦力者，未闻有人焉指摘其非、讪笑其谬也。使于此而虑人指摘

---

① "里"字疑应为"理"字。

讪笑，试问彼能依①食我、富贵我乎？噫！终日饱食，博弈犹贤，避势灌园，抚髀致叹。矧吾人家非素封，室无储蓄，典售固难为继，告贷又复无门，倘仍苟安偷惰，徒畏人讥，生路自绝，将来哭泣过途，辗转沟壑，或且流落江湖，放荡寰宇，致有不正当不名誉之行为，独不虑指摘讪笑乎？

况人民生计与国家之兴衰关系至大，人民苟皆具有独立性质，虽弱小之国可期强大；反之，人民依赖性重，即强大之邦未有不亡者也。况今之世界，一弱肉强食之世界也，灭国之法日见新奇。昔英灭埃及则以放外债、设顾问灭之，俄灭波兰则以煽党祸、挟王权灭之，美灭菲律宾则以助内乱、平革命灭之，印度、波亚之灭则以通商、开矿、筑铁路灭之。此犹灭国新法方现萌芽之时代也，而今之灭人国家之法专以劣等国为弱肉，凡劣等国无不随潮流而淘汰者也，可不惧乎！试观以上灭人国之法，不外乎金钱为先导、商业为媒介、扩张土地为宗旨，而被灭之国，其人民则不讲生计、不务正业，虽亡而犹不知其所以亡也，以致锦绣河山被人占领。前之自尊自贵、不恤民生者，今则为他人钳制矣；前之自私自利而不顾公利公益者，今则为他人奴隶矣；前之窖藏巨金而不襄义举者，今则任人携取矣，不亦大可悲乎！今□我国人民不讲生计，政府又不为之提倡，以致赋闲及失业游民困苦流离不知其数。民国成立，赋闲及失业人民更倍往昔，有志之士固坐以待毙，无识青年则挺而走险，列名伪册，冀获金钱，斩不胜斩，防难遍防。间阎冷落，廛市萧条，其故何在？盖人民生计无着之故耳。

鄙人慨夫赋闲之士、失业青年，愿以为经营之策，劳动为饱暖之方。现各处马路广辟，拟先从马车、人力车、土车、肩挑为着手，如在未辟马路之处则以土车、扛运、挑抬为着手办法，以为开通风气之先导，振刷独立之精神，襄无前之创举。缘今之世界乃优胜劣败之世界，每日十二时万不能任其蹉跎，万不能任其放弃也！

---

① "依"字疑应为"衣"字。

况我国内乱纷起,外患日迫,虎视眈眈、千钧一发之时,我同胞醉梦亦宜醒矣!

鄙人所殷殷转告者:我同胞勿以卑琐为耻,勿以劳动为羞,勿以勤苦为难堪,以依赖于人为最羞为最耻之关念存于脑中。更祝我国政府及议员、行政长官极力提倡实业,并订立专条保护之。资本家则出而开矿、垦植,以助国利民生,庶几国无游民,因是而强大,操自立之权于世界,扬五色之旗于全球,岂非我中华民国国民之幸福欤!

——《民生日报》1913年6月17日"选论"栏

附录二：从《共产党宣言》国内最早选译本到《新青年》杂志南迁广州

——追寻马克思主义在广东早期传播的历史印迹

朱蓉婷

《南方都市报》编者刊头语：广东，地处祖国南端，濒临南海，毗邻港澳，自古经贸繁荣，是中外经济、文化交流的重要窗口，也是中国近代史上最早接受西方思潮的地方。作为革命的策源地和先行地，中国近代史上的许多转折，也都在广东酝酿、发展，并孕育出大批时代英杰。

在中国共产党的创建史中，广东同样占据不可或缺的重要一页。作为国内最早成立中共党组织的六个地方之一，广东的党组织在党中央的领导下，带领南粤人民为中国的革命和建设作出卓越贡献，在中国共产党辉煌的百年历史上留下了闪亮印迹。从《新青年》南迁广州到农民运动讲习所，从红军"战士指点南粤"到东江纵队纵横，从广州起义到广州解放……我们隆重推出"建党百年·广东史记"系列，重叙这些非凡的篇章。

值此开篇，我们聚焦中国共产党成立前后，追寻在广东这片热土上有关马克思主义早期传播的人、事、物。让我们跟随南都记者的脚步，走访专家，走进现场，寻访百年前马克思主义和共产主义活动在南粤传播和萌芽的历史印痕，除了为人熟知的史实，也努力打捞被历史帷幕遮掩的新鲜细节，以更好地认识伟大的中国共产党成立的历史背景。

江门人陈振飞：《共产党宣言》国内最早选译本译者

目前大家公认的第一个《共产党宣言》中文全译本是 1920 年出版的陈望道的译本。据中山大学历史系教授邱捷的考证，早在 1912 年，广州《民生日报》就刊登了广东人陈振飞翻译的《共产党宣言》第一部分，这是国内最早的《共产党宣言》选译本。

这一译本向我们透露了哪些信息？南都记者为此专访了邱捷。据他介绍，1912 年广州的《民生日报》分七次连载刊出署名陈振飞的"译论"《绅士与平民阶级之争斗》，这篇"译论"是《共产党宣言》第一部分（如今译为"资产者和无产者"）的译本。

"所有《共产党宣言》的早期译本，在社会主义学说在华传播史上都很有价值。在 1920 年陈望道的中文全译本之前，学术界较熟知的则是 1908 年《天义》所刊登'民鸣'的《共产党宣言》第一部分的译本，对陈振飞的选译本，理论界、学术界很长时间内并未予以足够的注意。"

陈振飞在《民生日报》发表的译文并非全译本，也不是《共产党宣言》第一部分最早的中译本。那么，它是否具有重要意义呢？邱捷认为答案是肯定的。在 19 世纪末 20 世纪初，《万国公报》《民报》等刊物的文章虽曾介绍过《共产党宣言》的若干文句或段落，但都不是真正的译本。无政府主义者刊物《天义》所刊登的民鸣的译文，时间上早于陈振飞的译本，但《天义》在国外编辑发行，读者面不广，《绅士与平民阶级之争斗》是中国本土最早的《共产党宣言》选译本，译者陈振飞则是第一位真名实姓可考的把《共产党宣言》翻译成中文的中国人。

"陈振飞的译本虽然不是全译本，但鉴于《共产党宣言》第一部分具有极为重要的理论意义，因此，陈振飞这个译本值得理论界、史学界的重视。"邱捷说。

值得注意的是,《民生日报》作为同盟会员所办,以宣传孙中山的民主主义为宗旨的报纸,刊登《共产党宣言》是否某种程度上反映了当时资产阶级民主派对马克思主义的一种友好态度?如何理解《民生日报》刊登《共产党宣言》的动机?

对此,邱捷教授认为,孙中山很早就对马克思主义有所了解,并持友好态度。孙中山领导辛亥革命时,以马克思主义为主导的社会主义运动也在不断发展的时期。孙中山和他的同志在进行推翻帝制、建立共和的革命斗争时,从西方资产阶级原有的思想武库学到了自由、平等、博爱的原则,三权分立的政治理论,共和国的国家政体,等等,并付诸实行。但他们从各种途径也了解到西方资本主义社会并非尽善尽美,西方的一切也并非完全适合于中国。这时,正在兴起的社会主义运动引起了他们的注意。如饥似渴地寻求救国真理的民主革命派很快察觉到,这是新的思想武器。正因为如此,孙中山和他的一些亲密同志,成为中国介绍和传播马克思主义的先驱。

"当日的中国不具备产生马克思主义政党的客观、主观条件,以孙中山为代表的中国资产阶级民主派,虽然尚不可能深刻理解、完全接受马克思主义,也不会区分科学社会主义和其他流派的社会主义,但他们在革命的过程中,敏锐地感受到马克思主义的先进性,于是把马克思主义也作为向外国引进救国真理之一种。只是当时中国资本主义仍处于初步发展的阶段,无产阶级和资产阶级的矛盾并非国内的主要矛盾。资产阶级革命派要推翻的不是资产阶级,而是清王朝及压迫多数中国人的旧官僚、豪绅、地主。陈振飞把《共产党宣言》第一部分的标题'资产者和无产者'翻译成'绅士与平民阶级之争斗',就很能说明问题。"邱捷解释说。

陈振飞这篇"译论"是发表在报纸上的。当时,杂志读者主要是知识分子,而报纸的读者就包括了更广泛的民众。邱捷指出,"不妨认为,这是早期资产阶级革命派向一般民众介绍、宣传马克思主义的一种尝试"。

陈振飞到底是什么人？

1912年在广州翻译发表《共产党宣言》第一部分的译者陈振飞，到底是什么人？目前所知有限。据中山大学历史教授邱捷研究，有资料显示陈是江门外海人（当时属新会县），也应是辛亥革命先驱陈少白的族人（现存陈少白与陈振飞等人的合照一张），估计是留日学生、同盟会员。但对他的其他方面知之甚少。据了解，江门已有学者准备对陈振飞的历史进行深入调查研究。

昌兴街26号：《新青年》南迁广州的往事

暖春三月，周末的广州北京路街头人头攒动。绕过喧闹的中山四路新大新百货商店，拐进昌兴街，陈独秀主编的《新青年》旧址就在这老街深处，伫立百年。

昌兴街26号，这是一栋不起眼的小楼，看上去已然闲置，门上留有停电通知、水费催缴单和一串招租电话，很难让人联想起，这里曾经是近现代中国思想运动的中心之一，百年前有一群仁人志士在这里赶稿、排版，宣扬进步思想。

据记载，当年的昌兴街26号，一楼是专卖进步刊物的丁卜书店（据许广平回忆，鲁迅在穗时是这里的常客），二、三楼就是《新青年》社。作为现代中国革命史上最重要的杂志之一，《新青年》从1915年创刊，中间几经变动，直到1926年最后停刊，前后共存在了10年，而在这10年中，有5年多在广州出版。

1915年9月，《新青年》创刊，初以《青年杂志》为名，一年后改为《新青年》。创刊号的《社告》提道："国势陵夷，道衰学弊。"这正是《新青年》创刊背景的真实写照。后来，《新青年》逐渐成为以传播马克思主义为主要内容的刊物，甚至成为中共革命事业的摇篮。

广州市中共党史学会副会长林雄辉告诉记者，1920年12月，陈独秀应陈炯明之邀前来广州，担任广东省教育委员会委员长兼广东大学预科校长。1921年1月，《新青年》遭上海法国巡捕房查封而迁至广州，从此，《新青年》开始了它与广州的故事。

1921年4月1日，《新青年》从第8卷第6号起在广州出版，新的营业处就驻扎在广州市昌兴街26号。接着，《新青年》又出版了第9卷1号（1921年5月1日）、第2号（同年6月1日）、第3号（同年7月1日）、第4号（同年8月1日）、第5号（同年9月1日）。

移迁广州后的《新青年》仍坚持原有的风格。第8卷6号刊登李季《社会主义与中国》，第9卷1号登载了山川均的《从科学社会主义到行动的社会主义》、李汉俊的《社会主义教人穷吗?》、李达的《讨论社会主义并质梁任公》等文。第9卷2号，刊登了高一涵的《共产主义的历史变迁》、李达的《马克思派社会主义》。第9卷3号刊载了俄罗斯研究专项，《俄罗斯革命的过去及现在》《劳农俄国的妇女解放》，发表了陈独秀的《社会主义批评》。第9卷4号刊载存统的《马克思共产主义》。

《新青年》还刊载了陈独秀与无政府主义者区声白的通讯战——《讨论无政府主义》，包括《区声白致陈独秀书》《陈独秀答区声白的信》，引发全国关注。

中共一大召开后，1921年9月，陈独秀离粤赴沪，《新青年》在出版第9卷第5号后一度停刊，后在1922年7月1日出版第9卷第6号后休刊。

1923年6月15日，《新青年》改为季刊在广州出版，由瞿秋白任主编。此时，大革命时期已开启，革命运动风起云涌，由于缺乏办刊人手，《新青年》未能按期出刊。至1924年底，《新青年》仅出了四期，几乎是半年才能出一期。1924年12月，该刊曾一度休刊。自1925年4月起复刊后，改为不定期出版，仍为中共中央机关刊物。至1926年7月，该刊出版第5号后停刊。

从瞿秋白的《新青年之新宣言》中，我们可以感受到《新青年》作为一份报刊之于社会的职责和使命感："已成无产阶级的思想机关，不但将与宗法社会的思想行剧激的争斗，并且对于资产阶级的思想同时攻击。"

据统计，在广州出版的《新青年》季刊和不定期刊，总共有9期，其中瞿秋白主编7期，陈独秀主编1期（《新青年》季刊第3期）、彭述之主编1期（《新青年》季刊第4期）。

"广州版《新青年》为适应大革命形势需要，明显地加大了马列主义的宣传力度，充分显示了其作为党的理论刊物的特点。"广东省委党史研究室二级巡视员林益说。

2002年9月，昌兴街26号《新青年》社旧址由广州市公布为市登记保护文物单位。

广东人与广东报刊：掀起早期介绍马克思主义风潮

有关研究著述记载，第一次出现马克思中文名字的杂志是1899年2月、4月出版的，由英国在华传教士李提摩太节译、蔡尔康撰述的《大同学》，称赞马克思为著名的"百工领袖"，其资本学说"语言翔实"，"政学家至今终无以难之"。

"这是传播的初始阶段，被学界称之为'介绍'阶段。"广东省委党史研究室二级巡视员林益表示，这一阶段对马克思主义的介绍都是肤浅、片面的，不成系统的，仅仅是介绍马克思主义而非信仰，影响极其有限。马克思主义在其思想体系中不占主流地位。

另外，以康有为、梁启超为代表的资产阶级改良派也对马克思主义有过介绍。广州市中共党史学会副会长林雄辉告诉记者，康有为曾经在《大同书》中引用过马克思的话并加以诠释，并介绍了马克思、恩格斯。1902年，梁启超在《新民丛报》第18号上发表的《进化论革命者颉德之学说》一文中就提道："麦喀士（按：即马克思），日耳曼帝国社会主义之泰斗也。"1905 年，资产阶级民主派的政论家朱执信在《民报》第 2 号上发表的《德意志社会革命家小传》，也简要地介绍了马克思、恩格斯的生平及《共产党宣言》《资本论》等著作的要点。

一批在政治上最接近孙中山的资产阶级革命党人，如朱执信、廖仲恺、胡汉民等人都参与了介绍马克思主义。早在 1906 年，朱执信在《民报》第 2、第 3 号上发表了《德意志社会革命家列传》一文，介绍了马克思、恩格斯的生平和《共产党宣言》《资本论》的某些内容。1912 年，陈振飞在《民生日报》刊登《共产党宣言》第一部分译文，朱执信在《新世界》杂志刊出了一篇"译述"《社会主义大家马儿克之学说》，不一而足。

20 世纪初，知识分子能将马克思主义的新思想、新理念传播到社会各处，广东本地报纸杂志功不可没。一系列进步刊物都为马克思主义传播作出了突出贡献，有的甚至成为宣传的重要喉舌。

《广东中华新报》在俄国十月革命爆发后的第 16 天，连续以《俄国京都又大乱》《俄人废政府以兵》《俄都已归过激党》《俄国之废弃商约》为标题，报道十月革命的消息。林雄辉教授指出，这是广东最早报道十月革命的报纸。

宣传十月革命较突出的报刊还有《广东群报》《青年周刊》《新海丰》。《惟民》周刊、《真共和报》、《国民报》也不同程度地介绍过十月革命和马克思主义。《广东教育会杂志》也登载了《新俄国教育设施及计划》，介绍列宁领导下的俄国社会主义教育取得的成绩。

林益对当时的广州报业做过一番梳理，他表示，五四运动后，原先较为沉寂的广东思想界逐渐活跃起来，从外面回到广东的先进知识分子在报刊上发表文章，编译、介绍和宣传马克思主义、社会主义、共产主义及其他社会学说。当时，在广州出版的《广东中华新报》《广东群报》《劳动与妇女》《青年周刊》等，都曾刊载过有关介绍马克思主义等内容的文章，对广东民众起到了一定的启蒙作用。

此外，一些在中共广东组织直接或间接影响下出版的刊物，如《珠江评论》《新学生》《广东法政学报》等，也都在不同程度上宣传和介绍过马克思主义。

专访中山大学历史系教授邱捷

南都：清末民初广东籍的革命党人对马克思主义早期在华传播的贡献，其他省份似乎不可多见。广东具备哪些传播马克思主义的经济、社会的条件？

邱捷：近代以来，广东是最早受西方侵略的地区，也是外国先进思想文化首先传入中国的窗口。从林则徐开始，不少先进的中国人是在广东开眼看世界，并在广东起步寻求救国真理的。维新变法和辛亥革命的领导者都是广东人，很多骨干人物也是广东人。因此，马克思主义作为一种先进的思想，比较早被广东人士注意和传播，有一定思想文化方面的基础。另外，清末民初，资本主义在广东也有较大发展。根据1912年的统计，当年广东是国内"使用机器的工厂"数和"工人"人数最多的省份，也是内河轮船最多的省份，加上在外国企业工作的工人、海员等，工人人数就更多了。因此，对于马克思主义的早期传播，广东有优于多数省份的社会基础。

南都：如何评价广东在马克思主义早期在华传播以及中国共产党初创时期的地位？请您谈谈自己的看法。

邱捷：我从一个史学工作者的角度谈些粗浅体会。在近代，最早介绍、研究马克思主义的是一批广东人，即孙中山和他的同志朱执信、廖仲恺、胡汉民等。1912年广州的报纸还连载过《共产党宣言》第一部分的译本。五四运动后，杨匏安成为宣传马克思主义的代表人物。

我觉得，目前我国理论界，包括我省理论界，对广东为什么会成为马克思主义早期在华传播的中心之一，以及一些具体问题，研究得还不是很充分，但我相信今后会不断取得新进展。

广东在中国共产党初创时期有极为重要的地位，多次党的重要会议在广州召开，党的第一代领导人很多都在广东工作过，第一次国共合作也在广东正式实现，在短短三四年间，中国共产党由一个人数不多的党，发展成为领导了大革命的核心力量，广东也是主要的政治舞台。我们的学术界、理论界对中国共产党建党后在广东的历史是有很多研究成果的，文化界、文博机构等也做了很多工作。

但是，探讨中国共产党与民主革命策源地广东的关系，还有很多值得深入研究的问题。例如，广东不少旧民主主义革命家对共产主义、对共产党人持友好态度，有些还成为第一代共产党员，这与广东的社会环境有什么关系？又如，从 1922 年到大革命前期，中国共产党在广东的活动，对旧民主主义革命过渡到新民主主义革命起了极为重要的作用，如何在党史研究的视野下作更系统深入的研究和做更全面客观的评价，等等。很多人说起"广东是民主革命的策源地"，较多想到的是孙中山、辛亥革命，所以，对广东之于中国共产党的地位和作用，有必要加强论述和宣传。

（记者朱蓉婷，刊于《南方都市报》2021 年 3 月 28 日"建党百年·广东史记"。）

后　　记

在 2018 年《笃行与薪传——马克思主义在中山大学的实践与传承》的专题展览后,学校有关部门希望中山大学历史系对陈振飞的《共产党宣言》选译本做进一步研究,历史系建议由邱捷承担。但邱捷因年纪太大等原因,表示难以独力完成。经协调,曾决定邱捷与马克思主义学院胡雪莲教授共同主持这个项目,后来又考虑到本项目涉及中山大学图书馆的馆藏,所以把邱蔚晴馆员也吸收进课题组。但胡教授后来因本身的教学、研究工作任务太重,无法继续参与本项目的后续工作。所以,本项目基本由邱捷、邱蔚晴完成。第一部分的研究论文由两人分别撰写、署名,第二部分资料的查阅、收集、整理、打印、核对等具体工作,主要由邱蔚晴负责,书稿主要由邱蔚晴整合编成。

本书的立项和进展,得益于中山大学党委宣传部和党委办公室的指导和支持,感谢各位领导,感谢党委办公室康遍霞同志对项目的具体支持和帮助。胡雪莲教授后来虽然没有时间参与,但她为项目的立项和开展提出了建设性意见,协助确定项目的思路、基本框架、目录等,并组织了开题报告、赴江门市调研和座谈,她和她的博士研究生梁兴印还为项目进展解决了若干具体问题。中山大学图书馆馆长何文平教授(本研究课题立项时任社科处处长)、社科处曾佳妮副处长(本研究立项时任党委宣传部副部长)自始至终关心、支持本项目的进展。华南师范大学左双文教授、五邑大学刘进教授、中山大学图书馆采编部主任招宗劲博士、江门华侨研究会黄柏军副会长等,对本项目都给予了支持和帮助。感谢国家图书馆易晓辉老师与中山大学图书馆林明副馆长、潘美娣老师、肖晓梅老师在西式装帧与纸张性能方面的指导。感谢中山大学图书馆的韩宇老师、谢小燕老师、王晗老师以及文献与文物保护中心全体同事的帮助与支持。如果没有上面各位学者的支持、关心与帮助，本书是难以完成的。

感谢中山大学出版社把本书列入出版计划，感谢嵇春霞副总编辑对本书的关心与支持，感谢编校人员对书稿专业、细致的编辑。

感谢中共广东省委党史办原主任曾庆榴教授为本书赐序，感谢他对本研究的鼓励与支持。

对《绅士与平民阶级之争斗》译者陈振飞的历史，虽做过一些调研，有了一些收获，如基本可以确定其为留日学生，是江门外海镇人，是陈少白的族人。但对他一生历史仍未能查清楚。本书出版后，期望能引起江门有关方面的重视，使陈振飞历史的调查和研究得到突破。

本书编撰者
2022 年 3 月